Stefanie Schreiber

Ferienimmobilie aktuell
Band 1

Richtige Kaufentscheidung und erfolgreicher Start mit Ihrer ersten Ferienimmobilie!

- Tourismuszentrale berät zum Kauf, Belegung, Preisentwicklung
- Energieausweis auch beim Neubau-Kauf notwendig?

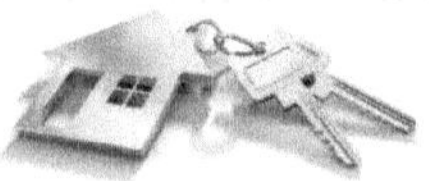

Für Margret,
die mich unermüdlich unterstützt
und mir mit Rat und Tat zur Seite steht.
Danke für Deine Freundschaft!

Stefanie Schreiber

Ferienimmobilie aktuell
Band 1

Richtige Kaufentscheidung und erfolgreicher Start mit Ihrer ersten Ferienimmobilie!

Verträge, Recht und Steuern
für Ihren professionellen Vermietungsbeginn

Bibliografische Information der Deutschen Nationalbibliothek
Die Deutsche Nationalbibliothek verzeichnet diese Publikation in der Deutschen Nationalbibliografie; detaillierte bibliografische Daten sind im Internet über www.dnb.de abrufbar.

Covergestaltung und Buchdesign: anonymus Design
Coverbild: fotolia
Lektorat: Nathalie Schnabel
Korrektorat: Kerstin Duchardt
Printed in Germany

ISBN 978-3-9816455-6-9
ebook ISBN 978-3-9816455-7-6

2. überarbeitete und aktualisierte Auflage Januar 2020

www.servitus-verlag.de

Inhalt

1 Einleitung zur neuen Reihe und dem vorliegenden Band

Ferienimmobilien boomen! In Zeiten, in denen es für Kapital so gut wie keine Verzinsung mehr gibt und Fremdkapital so günstig wie noch selten ist, erfahren Immobilien eine neue Attraktivität. Außerdem erfreut sich Urlaub in Feriendomizilen großer Beliebtheit. Es wird gebaut und umgewandelt – so entstehen immer mehr Ferienhäuser sowie -wohnungen.

Dieser Ratgeber zeigt Ihnen sowohl betriebswirtschaftlich als auch praktisch fundiert, anhand welcher Kriterien Sie entscheiden können, ob diese Kapitalanlage die Richtige für Sie ist und wie Sie Ihre ersten Schritte gehen können, damit Ihr Projekt von Anfang auf Erfolgskurs geht.

Der vorliegende Band ist der Auftakt zu einer neuen Reihe, der alle Aspekte der erfolgreichen Vermietung von Ferienimmobilien von der Auswahl und Wirtschaftlichkeitsberechnung über Finanzierung, Einrichtung und Ausstattung, Vermarktung incl. Profilbildung, professionellem Auftritt am Markt auf Ferienportalen, Nutzung des Instruments Social Media Marketing – das immer mehr Bedeutung gewinnt – dann Verwaltung, Personalführung bis zur Steuererklärung und schließlich dem Verkauf behandelt. Dabei werden alle Themen noch breiter und tiefergehender behandelt als in den beiden bisher vorliegenden Ratgebern *„Mit Ferienimmobilien Vermögen aufbauen und Steuern sparen!"* und *„Erfolgreiche Vermarktung Ihrer Ferienimmobilie!"*. Fragen von Lesern und Teilnehmern meiner Vorträge haben mit gezeigt, an welchen Stellen die Themen noch ausführlicher behandelt werden können und Fragen offen blieben.

Jeder Band der Reihe wird in sich abgeschlossen sein. Sie erhalten dadurch die Möglichkeit, einen Teilbereich Ihrer Vermietung zu optimieren, ohne auf einen anderen Band verwiesen zu werden. Für Leser, die die gesamte Reihe sammeln wollen, ergeben sich zum Teil Überschneidungen, da einige Ausführungen zu zwei Themenbereichen gehören. Das macht auch für Sie jeden Band in sich komplett und abgeschlossen. Da das Thema sehr komplex ist, machen Sie kleine Wiederholungen versierter und sicherer.

Zur Begrifflichkeit: Es geht in diesem Ratgeber um Ferienhäuser, Wohnungen sowie Pensionen. Um den Schreibstil flüssig zu halten, werde ich im Folgenden überwiegend den Begriff *Ferienhaus* als Oberbegriff verwenden – gemeint sind genauso Wohnungen, Appartements und Zimmer, da die Unterschiede lediglich in der Bauform der Immobilie liegen.

Gleiches gilt für die Nutzung der männlichen und weiblichen Form. Ich gehe selbstverständlich davon aus, dass es Verkäufer und Verkäuferinnen als auch Käufer und Käuferinnen von Immobilien gibt, außerdem Bankberaterinnen und Notarinnen. Ich verwende in diesem Buch lediglich die „männlichen Formen" und lade gleichermaßen alle Frauen ein, sich auf das Abenteuer eigenes Haus einzulassen!

Ich wünsche Ihnen viel Spaß beim Lesen sowie viel Erfolg bei der Auswahl und dem Start mit Ihrer ersten Ferienimmobilie!

Stefanie Schreiber

Januar 2020

2 Ist eine Immobilie die richtige Kapitalanlage für Sie?

Die Investition in eine Immobilie bedeutet eine wesentlich größere Verantwortung als eine reine Geldanlage. Die Kosten sind unberechenbarer und nicht alle Aufgaben können von Ihrem Personal erledigt werden. Mindestens im Notfall müssen Sie sich selbst kümmern. Wie sieht das bei einer Ferienimmobilie aus?

2.1 Was der Betrieb *Ferienimmobilie* von Ihnen verlangt

Um es gleich vorweg zu nehmen: Eine Ferienimmobilie ist eine arbeitsintensive Kapitalanlage. Im Gegensatz zur festen Vermietung existieren zahlreiche zusätzliche Aufgaben, die Sie entweder selbst erledigen oder delegieren können. Selbstverständlich sinkt bei Fremdvergabe die Rendite. Ihre eigene Leistung wird als *„Muskelhypothek"* bezeichnet und in der Regel betriebswirtschaftlich nicht erfasst, auch wenn dies ein leicht schiefes Bild ergibt.

Um Ihnen die Entscheidung zu erleichtern, ob Sie in ein Feriendomizil investieren sollten, gebe ich Ihnen im Folgenden einen Überblick über die Anforderungen, die zum Teil auch zu Herausforderungen werden. Bedenken Sie dabei, dass die Investition in eine Immobilie meist eine mittel- bis langfristige Kapitalanlage ist, die Sie über zehn bis zwanzig Jahre oder noch länger begleitet.
In diesem Kapitel werden einige Kriterien explizit beleuchtet, die es Ihnen erleichtern sollen, das Projekt *Ferienimmobilie vermieten* realistischer einzuschätzen und Ihre Entscheidung zu treffen.

2.2 Der Unterschied zur festen Vermietung

Ohne Zweifel können Sie mit einen Ferienhaus in einer Top-Ferienregion höhere Mieteinnahmen erzielen als mit einem festen Mieter. Die folgenden Ausführungen sollen Sie auch nicht davon abbringen, sich dafür zu entscheiden. Ich möchte Sie lediglich sensibilisieren, welche Aufgaben und Herausforderungen auf Sie zukommen.

2.2.1 Einrichtung und Ausstattung

Im Gegensatz zu einer fest vermieteten Immobilie wird das Ferienhaus eingerichtet und ausgestattet. Dafür benötigen Sie erst einmal ein Budget. Im Anschluss muss die Zeit aufgewendet werden, alle Gegenstände auszusuchen, einzukaufen, zu dem Haus zu bringen und zu platzieren. Wenn Sie diese Aufgaben delegieren, gilt es im Vorwege Zeit für Besprechungen und im Nachherein für Kontrollen und Nachbesserungen einzuplanen. Zu den Einrichtungsgegenständen gehören nicht nur Möbel, sondern auch Elektrogeräte wie Hifi und TV, Internet, Staubsauger und Kaffeemaschine etc. Schließlich benötigen Sie Bettwäsche, Geschirr, Besteck, Reinigungsmittel und vieles mehr.
Viele dieser Einrichtungsgegenstände haben eine lange Lebensdauer, andere wie Staubsauger, Wasserkocher und auch Jalousien an den Fenstern können Sie nahezu im Abo kaufen, da sie immer wieder beschädigt werden.

2.2.2 Renovierungszyklen

Wenn Sie einen Neubau erwerben, wird dieser wahrscheinlich so übergeben, dass Sie gleich mit der Einrichtung beginnen können.
Beim Kauf einer älteren Immobilie, die noch nicht als Ferienhaus vermietet wurde, kommen meist größere Renovierungsarbeiten an den Decken, Wänden und Böden auf Sie zu. Manche Vermieter

übergeben die Wohnungen auch an feste Mieter renoviert und mit modernen Fußbodenbelägen ausgestattet. Für die laufenden Renovierungen ist dann aber der Mieter verantwortlich.
Das ist im Ferienhaus anders. Hier müssen Sie immer wieder erneuern und modernisieren – und tragen die Kosten dafür. Diese schmälern die Rendite. Wenn Sie hochwertige Materialien verwenden, können Sie Renovierungszyklen von sechs bis acht Jahren planen.

Auch den Außenbereich gilt es zu bedenken: Fenster und Zäune müssen gestrichen werden. Dies ist allerdings auch bei einem festen Mieter oftmals Sache des Eigentümers.

2.2.3 Vermarktungs- und Verwaltungsaktivitäten

Es liegt auf der Hand, wo der Unterschied in dem Bereich liegt. Um einen festen Mieter zu finden, schalten Sie eine Anzeige oder beauftragen einen Makler. Sie haben einmalige Kosten sowie den Aufwand einiger Besichtigungen. Nach Vertragsschluss inklusive Übergabeprotokoll lassen Sie den Mieter einziehen. Außer einer jährlichen Betriebskostenabrechnung gibt es keinen großen Verwaltungsaufwand.

Das sieht bei dem Betrieb einer Ferienwohnung anders aus:
Um immer wieder neue Gäste zu akquirieren, benötigen Sie Online-Broschüren auf Ferienportalen, eine eigene Website und Jemanden, der Ihnen dies nicht nur einrichtet, sondern auch pflegt. Immer wichtiger wird daneben das Social Media Marketing. Über Facebook bauen Sie über die Präsenz Ihres Domizils eine starke Kundenbindung auf. Dieses Instrument lebt von der Kommunikation.
Sie können das selbst übernehmen oder eine Agentur mit der gesamten Vermarktung sowie Verwaltung beauftragen. Zu den weiteren Aufgaben gehören die Erstellung der Buchungsunterlagen, die Pflege der Belegungskalender und Überwachung der Geldeingänge.

Die telefonische Erreichbarkeit für Anliegen der Gäste als auch Unterstützung der Betreuung vor Ort ist unabdingbar und fordernd. Es bedeutet, über das Mobiltelefon ständig erreichbar zu sein.

2.2.4 Betreuung vor Ort

Für die Reinigung des Objektes, den Empfang der Gäste, kleine Reparaturen in der Saison und Kontrollgänge in unbewohnten Zeiten benötigen Sie eine Hausbetreuung vor Ort. Die gilt insbesondere für alle Vermieter, die nicht in der Nähe wohnen.
Wenn Sie eine Agentur beauftragen, wird sie die Erledigung dieser Aufgaben für Sie organisieren. Sie zahlen für die Leistung des Vermittlungsbüros in der Regel 18% vom Umsatz zzgl. MwSt. Das klingt erst einmal viel, ist aber absolut gerechtfertigt.
Beim Kauf eines Hauses benötigen Sie außerdem einen Gärtner, der den Außenbereich in einem gepflegten, ansprechenden Zustand hält.

2.2.5 Steuererklärung

Auch die Steuererklärung im Falle der Vermietung an wechselnde Feriengäste wesentlich aufwändiger. Dies kostet mehr Ihrer Zeit bzw. ein höheres Honorar an Ihren Steuerberater.
Im Falle der festen Vermietung haben Sie konstante, monatlich identische Mieteinnahmen. Gleiches gilt für die meisten Kosten, die in der Regel überschaubar sind, da der Mieter für etliche Zahlungen verantwortlich ist. Eine Exceltabelle bringt eine schnelle Übersicht und ist eine gute Vorbereitung für die Betriebskostenabrechnung.

Wenn Sie Ihre Immobilie dagegen an Urlauber vermieten, schwanken die Einnahmen und sind somit verwaltungsintensiver. Im Falle der Umsatzsteuerpflicht kommen Sie mit einer einfachen Kalkulationsübersicht nicht aus, sondern benötigen ein Buchhaltungsprogramm, eventuell außerdem die Dienstleistung eines Steuerberaters. Auch die Kostenseite ist wesentlich umfangreicher in der Verwaltung. Sie haben eine Vielzahl von Quittungen und sind für alle Ausgaben wie Energie, Internetanschluss sowie Verschleiß an der Einrichtung etc. selbst verantwortlich.

Kompakte Zusammenfassung

<table>
<tr><td rowspan="3">Ist eine Ferienimmobilie die richtige Kapitalanlage für Sie?</td><td>Eine Immobilie bedeutet wesentlich mehr Verantwortung als eine reine Geldanlage.</td></tr>
<tr><td>Mit einer Ferienimmobilie können Sie bei entsprechender Lage in einem Top-Feriengebiet höhere Einnahmen realisieren als mit einer festen Vermietung. Da jedoch ebenfalls höhere Kosten anfallen, empfiehlt sich eine genaue Betrachtung sowie Berechnung der Wirtschaftlichkeit.</td></tr>
<tr><td>Folgende Aspekte sind in diese Rechnung einzubeziehen:
∝ Einrichtung und Ausstattung
∝ Renovierungszyklen
∝ Vermarktungs- und Verwaltungsaktivitäten
∝ Betreuung vor Ort
∝ Steuererklärung</td></tr>
</table>

3 Auswahl der Immobilie

Gibt es die perfekte Ferienimmobilie?
Da eine Immobilie eine langfristige Kapitalanlage ist, empfiehlt sich eine sorgfältige Planung und gründliche Vorüberlegung. Durch die beim Erwerb eines Hauses oder einer Wohnung anfallenden Nebenkosten lohnt sich ein Verkauf nach kurzer Zeit in der Regel nicht – umso wichtiger ist die Auswahl des Objektes. Der Steuervorteil einer vermieteten Ferienimmobilie ist nur dann nachhaltig, wenn Sie die Immobilie mindestens zehn Jahre halten.
In diesem Kapitel erfahren Sie, welche Aspekte bei der Auswahl Ihrer Immobilie entscheidend sind:

- Lage: *das* Kriterium beim Kauf einer Immobilie
  Aspekte, die speziell für ein Feriendomizil wichtig sind:
  - Lage in einer Urlaubsregion
  - Standort: zentral oder abgelegen
  - Entfernung zum eigenen Lebensmittelpunkt
- Eigene Vorliebe
- Ihr persönliches Budget
- Wohnung, Ein- und Mehrfamilienhaus
- Größe der Wohneinheit
- Alter und Beschaffenheit
  - Neubau
  - Altbau
- Exkurs: Energieausweis

3.1 Die Lage Ihrer Ferienimmobilie

3.1.1 Urlaubsregion, Gebiet, Umgebung

Bei der Wahl der Region, in der Sie die Immobilie erwerben, gilt: Kaufen Sie das Haus in einer beliebten Urlaubsregion, damit Sie gute Belegungszahlen realisieren und das Haus steuerlich anerkannt wird. Da Sie sich mit dieser Form des Vermögensaufbaus einen Altersruhesitz schaffen können, investieren Sie außerdem in einer Gegend, in der Sie gerne leben würden – auch wenn sich das über die Jahre ändern kann. Ich empfehle Ihnen: Kaufen Sie dort, wo Sie selbst gerne sind, wo Sie sich wohlfühlen!

Selbstverständlich können Sie eine Immobilie, die sich bereits in Ihrem Eigentum befindet, zu einem Feriendomizil machen.

Je nach Beliebtheit der Region gestalten sich die Kaufpreise der Immobilien. So müssen Sie auf Sylt, in St. Peter-Ording, in Ischgl oder in Kitzbühel mehr investieren als im Wendland oder in Taxenbach. Recherchieren Sie im Vorfeld Ihrer Planung im Internet und schauen Sie, welche Mietpreise in den einzelnen Regionen erzielt werden. In den attraktiven Urlaubsgebieten realisieren Sie höhere Belegungszahlen – also mehr vermietete Nächte pro Jahr. In der Nebensaison kommen ebenfalls Gäste.
Gern wird am Meer, an Seen und in den Bergen Urlaub gemacht. Letztere ziehen zusätzlich die Wintersportler an. Tendenziell weniger frequentiert sind Standorte im Binnenland, die wenig Wasser und keine Berge in der Nähe haben. Hier kommen Radfahrer, Wanderer, Vogelkundler und andere Naturliebhaber – die zentrale Frage ist hierbei: Wie groß ist Ihre Zielgruppe?

3.1.2 Zentral oder abgelegen

Treffen Sie diese Entscheidung nach eigener Vorliebe. Wünschen Sie sich eine zentral gelegene Stadtwohnung oder möchten Sie lieber ein Haus auf dem Land, ein bisschen abseits vom Trubel? Hier bieten Sie Tierbesitzern, insbesondere Urlaubern mit Hunden, ein attraktives Domizil. Auch Familienurlaub wird im Sommer gern im Haus mit Garten verbracht. Ihre Gäste sind in einem Haus, das etwas außerhalb liegt, auf ein Auto angewiesen. Zahlreiche Urlauber bevorzugen kurze Wege und die Möglichkeit, auch ohne eigenen Wagen mobil zu sein – und Sie eventuell im Alter ebenfalls.
Suchen Sie sich Ihre Immobilie nach Ihrem eigenen Geschmack aus und bewerben Sie dann die richtige Zielgruppe.
Schauen Sie, wie sich die Anzahl der Ferienobjekte in Ihrer bevorzugten Region entwickelt. Bei großer Bautätigkeit und durch Umwandlung stark steigender Anzahl von Ferienobjekten stellt sich die Frage, ob die Domizile in weniger bevorzugter Lage in Zukunft mit sinkenden Belegungszahlen kämpfen werden. Dies kann passieren, wenn die Zahl der Touristen, die in diese Gegend kommen nicht in gleichem Umfang wächst wie das Angebot. Der Wettbewerb wird härter.
Sprechen Sie die Tourismuszentralen der Region an. Sie kennen die Trends und können Sie beraten.

3.1.3 Entfernung zum eigenen Lebensmittelpunkt

Dieser Aspekt ist aus meiner eigenen Erfahrung sehr wichtig. Meine Immobilien befinden sich in einer Entfernung von maximal 200 km zu meinem Wohnort. Ich kann in zwei Stunden vor Ort sein, um mein Personal zu unterstützen oder mich im Notfall zu kümmern. Denken Sie in diesem Zusammenhang auch an die Erhaltung der Immobilie. Das Alter des Hauses wird hier noch Thema sein, ebenso wie damit verbundene Sanierungs- und Renovierungsarbeiten. Die

Rendite sinkt erheblich, wenn Sie alle am Haus anfallenden Arbeiten durch Handwerker und andere Dienstleister ausführen lassen. Diese Form des Vermögensaufbaus und der Steuerersparnis ist für Sie besonders geeignet, wenn Sie sich gern handwerklich betätigen oder zumindest bereit sind, selbst zu renovieren. Für diese Arbeiten und/oder um zu kontrollieren, ob Ihre Vorstellungen vor Ort umgesetzt werden, sollte die Distanz zum eigenen Wohnort nicht zu groß sein.

Denken Sie auch an die Zeit nach der ersten Euphorie über Ihr eigenes Ferienhaus. Einige Leser und Besucher meiner Veranstaltungen haben mir bestätigt, dass es – gerade bei Auslandsimmobilien – lästig werden kann, wenn man immer erst einen Flug buchen muss, um zu dem Domizil zu gelangen. Das betrifft Arbeitsbesuche ebenso wie den eigenen Urlaub vor Ort – zu dem es meistens nicht kommt, weil man sich doch um Einiges kümmern muss.

3.2 Eigene Vorliebe

Die Lage ist der wichtigste Aspekt beim Kauf einer Immobilie. Behalten Sie diesen Gesichtspunkt im Hinterkopf und suchen Sie ein Haus aus, das Ihnen richtig gut gefällt. Nehmen Sie sich Zeit, um das passende Objekt zu finden und gehen Sie keine zu großen Kompromisse ein. Die Finanzierung einer Immobilie ist ein langer Weg, der unter Umständen auch einmal beschwerlich wird. Wenn Sie *Ihr Haus* gefunden haben, nehmen Sie diese Herausforderungen gern an – es wird sich lohnen!

3.3 Ihr persönliches Budget

Dieser Punkt ist eng verzahnt mit allen Aspekten dieses Kapitels und damit die Basis für Ihre Planung. Legen Sie fest, wie viel Sie

maximal an Eigen- und Fremdkapital in das Projekt investieren wollen oder können.
Sie legen mit dem Wert der Immobilie die Höhe des Vermögens fest, das Sie aufbauen werden. Bei einer geschickten Wahl sollte nach mehreren Jahrzehnten zusätzlich eine Wertsteigerung realisiert werden.
Außerdem kann Ihr neuer Geschäftszweig ein mehrstufiger Prozess sein: Sie starten mit einer Immobilie. Wenn sich diese erfolgreich vermietet, können Sie eine Zweite kaufen. Ihre Verhandlungsposition bei der Bank ist gestärkt, wenn Sie positive Zahlen des bereits etablierten Feriendomizils vorweisen. Dabei können Sie wieder in dem gleichen Gebiet kaufen oder sich für eine weitere Region entscheiden.

Mehrere Immobilien in einem Gebiet haben den Vorteil, dass Sie Kontrollgänge bündeln, also mit weniger Zeitaufwand erledigen. Bei Anfragen sind die Gäste oft auf eine Region festgelegt, Sie können Alternativen anbieten, wenn das angefragte Domizil bereits belegt ist. Nachteilig kann es sein, wenn es in Ihrer Region zu einer Naturkatastrophe kommt – was allerdings sehr unwahrscheinlich ist.

Vielleicht reizt es Sie einfach, in verschiedenen Regionen ein Domizil zu besitzen. Meine Häuser befanden sich alle in Schleswig-Holstein, aber nicht in unmittelbarer Nähe. Vorteil war hier, dass die Gäste, die mein Konzept mögen, dann oft im nächsten Jahr eine andere Gegend aufsuchen. Entscheiden Sie nach persönlicher Vorliebe, wenn es soweit ist.

Sprechen Sie mit ein oder zwei Banken über die Höhe des Finanzierungsrahmens, der Ihnen für ein Feriendomizil bewilligt wird. Stellen Sie dafür eine Beispielkalkulation auf. Die Festlegung Ihres persönlichen Budgets erleichtert Ihnen die konkrete Auswahl Ihrer Immobilie.

3.4 Haus oder Wohnung

Treffen Sie diese Entscheidung nach Ihrer persönlichen Priorität, denn mit beiden Bauformen können Sie sehr erfolgreich sein. Im Folgenden werden entscheidende Aspekte bzw. Vor- und Nachteile beleuchtet.

3.4.1 Wohnung

Wohnungen erfreuen sich – gerade bei deutschen Urlaubern – großer Beliebtheit. Wichtig ist, dass sie Platz und einen gewissen Komfort bieten. Dazu gehören Balkon, Terrasse und/oder Gartenmitbenutzung.
Der große Vorteil einer Wohnung sind die geringeren Anschaffungskosten. Die Kosten für Grundstück, Dach und Heizanlage verteilen sich auf mehrere Investoren, Ihr Anteil ist somit niedriger als bei Erwerb eines Hauses.
Der Instandhaltungsaufwand und damit die Kosten fallen niedriger aus. Außenbereiche werden von einem Hausmeister oder je nach Objekt von einem Gärtner gepflegt. Die Kosten teilt sich die Eigentümergemeinschaft. Bei einem kleineren Budget, kann die Investition in eine Wohnung eine gute Wahl sein. Gleiches gilt, wenn Sie dieses Projekt als reine Kapitalanlage sehen und die Arbeiten vor Ort größtenteils delegieren wollen. Da die Kosten tendenziell niedriger sind als bei einem Haus, realisieren Sie eine höhere Rendite.

Nachteilig kann sein, dass Sie nicht allein entscheiden, wann welche Modernisierungen durchgeführt werden, die das gesamte Haus betreffen, wie z.B. Modernisierung der Balkons. Sie sind ein Teil der Eigentümergemeinschaft und können überstimmt werden. Das kann eine Investition zu einem Zeitpunkt zur Folge haben, der nicht in Ihren individuellen Plan passt.
Sie können dieses Risiko verkleinern, indem Sie genaue Informationen über die Immobilie einholen. Zentrale Frage ist hierbei: Wie

viele Personen entscheiden? Des Weiteren ist dieser Aspekt abhängig vom Komfort der Anlage: Gibt es eine umfangreiche technische Ausstattung wie Fahrstuhl, elektrisch betriebene Garagentore und Überwachungskameras? Hier können schnell Reparaturen notwendig werden.

Eng verknüpft ist dieser Punkt mit dem Alter bzw. dem Sanierungsstand, wenn es sich um eine ältere Immobilie handelt. Diese Aspekte werden am Ende dieses Kapitels betrachtet.

3.4.2 Ein- und Mehrfamilienhaus

Die großen Vorteile eines freistehenden Einfamilienhauses sind die Individualität und Privatsphäre, der Platz und Freiraum – sowohl im Haus als auch im Außenbereich. Dies gilt für zahlreiche Urlauber und vielleicht ja auch für Sie! Bei einem Reihenhaus oder einer Doppelhaushälfte ist eine größere Rücksichtnahme auf die Nachbarn vonnöten. Dies gilt bei der Kaufentscheidung oder der Einrichtung einer vorhandenen Immobilie zu bedenken.

Die höheren Kosten der Anschaffung können durch höhere Mietpreise kompensiert werden, wenn Sie die Zielgruppe entsprechend festlegen. Ein Einzelhaus ist perfekt für Gäste mit Hund – eine Zielgruppe, die immer größer wird. In der Regel sind diese Urlauber sehr dankbar, wenn sie Ihre Vierbeiner mitbringen dürfen, denn dies ist in zahlreichen Domizilen nicht möglich.
Neben den höheren Anschaffungskosten sind auch die Kosten der Instandhaltung höher, hier gilt das Gegenteil zur Wohnung. Alle Kosten müssen allein von Ihnen getragen werden.
Sie mildern diese Nachteile ab, wenn Sie in ein Doppel- oder Mehrfamilienhaus investieren. Sie haben die Kosten dann immer noch allein zu tragen, können diese jedoch auf mehrere Wohneinheiten also auf mehrere Mieteinnahmen verteilen. Ihre Rendite steigt.

Bei der Anzahl der Wohneinheiten, die sich in einem Gebäude bzw. auf einem Grundstück befinden, gilt es zwischen Kostenersparnis und Komfortverlust für die Gäste abzuwägen – für wie viele Gäste kann Erholung und Komfort geboten werden?
Dies ist im Sommer ein Thema in Bezug auf den Garten und abhängig von Ihrer Zielgruppe. Wenn Sie Familien und Hundebesitzer ansprechen, sollte ein Objekt zwei bis drei Wohneinheiten nicht übersteigen – es sei denn, Sie besitzen ein sehr großes Grundstück, das Sie in mehrere Bereiche unterteilen können. Sorgen Sie für Sicherheit für mitreisende Kinder, das kann die Wartung von Spielgeräten im Garten genauso betreffen wie die Einzäunung eines Teiches.
Wichtig bei der Vermietung an Urlauber mit Hund ist: der Garten muss eingezäunt sein.

3.5 Größe der Wohneinheit/Anzahl der Zimmer

Tendenziell vermieten sich mehrere kleine Wohnungen innerhalb eines Mehrfamilienhauses leichter als ein bis zwei Große. Wenn Ihre Gäste weitere Schlafzimmer benötigen, können sie zwei Wohnungen in einem Haus mieten. Dies schafft Privatsphäre für den gemeinsamen Urlaub mehrerer Paare oder Familien. Jede Familie hat einen eigenen Sanitärbereich und eine eigene Küche.
Mit zunehmender Zahl von Patchwork-Familien sind jedoch auch große Wohnungen oder Häuser ab drei Schlafzimmern sehr gefragt. Es ist wichtig, dass die Bäder nicht zu klein sind und idealerweise existiert ein zweites WC.

3.6 Alter und Beschaffenheit der Immobilie

Dieses Kapitel beleuchtet die Vor- und Nachteile von Neu- und Altbauten. Der erste Abschnitt befasst sich mit den Merkmalen und Herausforderungen eines Neubaus, der zweite stellt Ihnen dar, worauf Sie bei einem Altbau besonders achten sollten. Spezielle Aufmerksamkeit erhält in diesem Kapitel das Thema Energie. Dazu gehört ein Exkurs *Energieausweis* genauso wie Tipps zur Einschätzung des Energieverbrauchs der Immobilie, die Sie im Fokus haben.

3.6.1 Neubau

Die Investition in einen Neubau ist empfehlenswert, wenn Sie mehr Kapital als Anwesenheit und Arbeitskraft vor Ort einsetzen wollen. Dabei gilt es zu entscheiden, ob Sie selbst bauen oder in ein schlüsselfertiges Haus investieren wollen. Wenn Sie lediglich ein Grundstück kaufen, sparen Sie an der Grunderwerbsteuer, doch Sie benötigen eine Menge Zeit vor Ort, um den Bau zu begleiten – sonst bekommen Sie nicht das, was Sie sich wünschen. Ein weiterer Aspekt ist, dass es wirklich Nerven kostet.

Ein schlüsselfertiges Haus kann die praktikable Alternative sein. Es braucht lediglich dekoriert und eingerichtet zu werden. Sie haben einen modernen Stand der Wärmedämmung, gute Energiewerte, eine moderne, zeitgemäße Ausstattung des Hauses in den Sanitärbereichen, die Sie selbst aussuchen. Gleiches gilt für die Einrichtung. Die Heizanlage und weitere technische Ausstattungen sind neu. Das bedeutet Planungssicherheit. Die Wahrscheinlichkeit, dass in den ersten Jahren große Reparaturen auf Sie zukommen, ist gering. Sie erhalten Garantien auf bestimmte Komponenten, wie zum Beispiel die Heizung, möglicherweise auf das gesamte Haus – dies ist abhängig von dem Bauunternehmen. Es empfiehlt sich, mit einem gesunden, etablierten Unternehmen zusammen zu arbeiten. Nach der Einrichtung des Hauses beginnen Sie mit der Vermietung und werden jahrelang kaum außerordentliche Arbeiten vor Ort haben.
Dies setzt Ihre Vorlieb für einen Neubau mit einem entsprechenden Budget voraus. In der Regel hat ein Neubau einen höheren Anschaffungspreis. Es entfallen jedoch Sanierungs- und Umbaukosten – die

Sie auf der anderen Seite über mehrere Jahre verteilen können, wenn Ihr Budget nicht so groß ist.

Fazit
Es ist ein Rechenexempel und von Ihren persönlichen Vorlieben und zeitlichen und finanziellen Möglichkeiten abhängig.

3.6.2 Altbau

Sollte Ihnen der Gedanke, selbst zu bauen, mit zu vielen Unsicherheiten in Bezug auf den Zeitpunkt der Fertigstellung und die Einhaltung des Budgets verbunden sein, können Sie ein bereits fertig gebautes Haus kaufen. Wenn ein schlüsselfertiger Neubau Ihr Budget überfordert, ist ein gebrauchtes Haus eine Alternative.

Der Begriff *Altbau* umfasst dabei zahlreiche unterschiedliche Varianten bezüglich des Alters, der Beschaffenheit und sogar der Art des Kaufs, die sich auf den Kaufpreis auswirken und Thema dieses Abschnitts sind. Hier ein paar Beispiele

- Schönes, sehr altes Haus in landestypisches Bauart mit entsprechendem Charme, z.B. aus dem 18./19. Jahrhundert
- Sehr preiswertes, sanierungsbedürftiges Haus
- Solides Haus 20 bis 40 Jahre alt
- Haus aus Zwangsversteigerung

Der Ausdruck *alt* wird an dieser Stelle völlig wertfrei genutzt – quasi als Umkehrschluss: alles, was nicht neu ist.
Da Immobilien mit hohen Nebenkosten erworben werden, lohnt sich der rasche Wiederverkauf in der Regel nicht. Somit werden Sie

selten ein Haus angeboten bekommen, das erst zwei bis drei Jahre alt ist und damit noch so gut wie neu.
Bei dem Kauf einer älteren Immobilie ist die gesunde Bausubstanz entscheidend. Wenn Sie unsicher sind, kann es sich lohnen, einen Sachverständigen zu beauftragen, bevor Sie den Vertrag unterschreiben – dazu später mehr.
Ist dies gegeben, gilt es in Erfahrung zu bringen, wie die energetischen Werte der Immobilie sind. Hier können hohe Folgekosten entstehen. Alle Fragen rund um Energie werden in Kürze in einem separaten Abschnitt gebündelt behandelt, auch die Notwendigkeit eines Energieausweises wird thematisiert.
Vorher geht es um den Sanierungsbedarf, der optische Aspekte betrifft. Für die Vermietung sind insbesondere moderne, saubere Badezimmer wichtig. Ansonsten gilt es abzuwägen, was sofort erneuert werden muss und was zusammen mit den Kosten auf die nächsten Jahre verteilt werden kann.

Ein sehr altes Haus in landestypischer Bauart, das 200 oder sogar 300 Jahre alt ist, hat einen ganz besonderen Charme. Es kann sich um eine alte Schule, eine Mühle, ein sehr großes Haus oder einfach um ein kleines Häuschen handeln. Der Blick auf die Bausubstanz ist in so einem Fall besonders wichtig. Es haben bereits zahlreiche Generationen an dem Haus gebaut. Dabei kann leider auch sehr viel falsch gemacht worden sein. Durch unsachgemäße Wärmedämmung kann sich Schimmel und Feuchtigkeit entwickeln, der dem Haus großen Schaden zufügt. Außerdem kann viel verbaut worden sein, was Sie im Laufe der Jahre wieder rückgängig machen müssen. Der Preis wird von dem Sanierungsstatus und Zustand der Immobilie beeinflusst.

Ein Schnäppchen können Sie machen, wenn Sie ein stark sanierungsbedürftiges Haus finden, das z.B. auf einem attraktiven Grundstück mit altem Baumbestand steht. Wenn Sie viel Eigenleis-

tung einbringen wollen oder eine Handvoll sehr guter und günstiger Handwerker kennen, kommen Sie preiswert zu Ihrer Traumimmobilie.
Je älter ein Haus ist, desto kritischer sind die energetischen Aspekte zu beäugen und vermutlich nachzuarbeiten, damit sie auf den heutigen Standard kommen. Die optischen Gesichtspunkte werden nach 20 Jahren relevant. Küche und Bad unterliegen der Mode. In einem Ferienhaus sollte ein 20 bis 30 Jahre altes Bad erneuert werden.
Legen Sie Ihre persönlichen Eckdaten fest und durchforsten Sie den Immobilienmarkt. Das Angebot ist groß und es gibt Objekte in jeder Lage, Beschaffenheit, Preisklasse und Größe.

Nicht unerwähnt lassen möchte ich die Option, ein Haus durch eine Zwangsversteigerung sehr günstig zu erwerben. Manch einer mag dabei Skrupel haben, weil der Verkäufer in die missliche Lage geraten ist, seinen Zahlungsverpflichtungen nicht mehr nachkommen zu können. Wenn Sie dabei das Gefühl haben, sich auf Kosten eines anderen zu bereichern und Sie sich damit nicht wohlfühlen, dann überblättern Sie diesen Abschnitt.

Wenn Sie sich dafür interessieren, seien Ihnen folgende Informationen mit auf den Weg gegeben:
In den meisten Fällen wird die zu versteigernde Immobilie von einem Makler angeboten. Den Auftrag gibt die Gläubigerbank des Eigentümers, diese trägt auch die Courtage. Für den Erwerber des Hauses ist die Dienstleistung des Vermittlers also ausnahmsweise kostenfrei. Dies gilt nicht nur im Falle der erfolgreichen Ersteigerung, der Makler steht bereits im Vorfeld und beim Termin beratend zur Verfügung.

Die Versteigerung findet beim Amtsgericht des jeweiligen Bezirks statt. Hier kann in der Regel ein Verkehrswertgutachten eingesehen werden.

Mein Tipp
Bitte Vorsicht bei Immobilien, die noch von den Eigentümern bewohnt werden. Oftmals kooperieren diese nicht. In diesen Fällen ist nicht einmal eine Besichtigung möglich. Was jedoch noch schwerer wiegt: Es kann passieren, dass sie sich nach erfolgter Versteigerung des Objektes weigern auszuziehen und Sie dies mit einem Räumungsbescheid erzwingen müssen. In Ballungsgebieten dauert es bis zu neun Monaten, bis Sie den Titel haben. In dieser Zeit kommen Sie nicht in Ihr frisch erworbenes Haus und haben keinen Einfluss darauf, wie Ihre Immobilie in dieser Zeit behandelt, schlimmstenfalls verwohnt oder mutwillig beschädigt wird. Gleichzeitig leisten Sie bereits die laufenden Zahlungen für die Hypothek der Immobilie, nutzen sie aber noch nicht.

3.7 Exkurs Energieausweis

Das Thema Energieverbrauch hat mit den steigenden Kosten der letzten Jahre einen immer größeren Stellenwert bekommen. Derzeit hat sich der Ölpreis auf einem moderaten Niveau eingependelt, eine Verteuerung ist jedoch jederzeit möglich. Neue moderne Häuser sind bestens gedämmt und isoliert, bei alten Häusern kann viel Energie schlecht genutzt verbraucht werden.
Um den Energieverbrauch von Wohnhäusern weiter zu senken, hat die Bundesregierung in Deutschland zum 01. Oktober 2009 den Energieausweis eingeführt. In der Energieeinsparverordnung (ENEV) sind Ausstellung, Verwendung und Grundsätze geregelt. In Österreich wurde das Bundesgesetz über die Pflicht zur Vorlage eines Energieausweises beim Verkauf oder und bei der In-Bestand-

Gabe von Gebäuden und Nutzungsobjekten (Energieausweis-Vorlage-Gesetz – EAVG) eingeführt. Es gilt seit dem 01. Januar 2008 für Neubauten und wurde ein Jahr später auch für Altbauten Pflicht. In der Schweiz gibt es den Gebäudeenergieausweis der Kantone (GEAK) seit August 2009, geregelt durch das schweizerische Energiegesetz (EnG).

In Deutschland hat der Energieausweis bisher wenig Beachtung gefunden. Seit 2013 drohen nun Bußgelder in Höhe von bis zu 15.000 Euro. Es ist also für den Immobilienerwerb ein wichtiges Thema, bietet allerdings so eine Fülle von Informationen, dass der Rahmen dieses Ratgebers gesprengt würde. Der Energieausweis hat für die Vermietung von Ferienimmobilien keine Relevanz, da Vermieter ihren Feriengästen laut Bundesbauministerium keinen Energieausweis vorlegen müssen.
Anders sieht es mittlerweile beim Kauf einer Immobilie aus: Der Verkäufer ist verpflichtet beim Notartermin zur Unterzeichnung des Kaufvertrages einen Verbrauchs- oder Bedarfsausweis vorzulegen.

Im Folgenden werden die Unterschiede dieser Ausweisarten und deren Einsatzmöglichkeiten kurz skizziert:
Wie die Bezeichnung vermuten lässt, basiert der *Verbrauchsausweis* auf tatsächlichen Verbrauchswerten der Immobilie. In die Berechnung gehen die Zahlen von mindestens drei Jahren ein. Mögliche Leerstände werden genauso berücksichtigt, wie die Witterungslage. Ein sogenannter Klimafaktor nivelliert besonders harte oder milde Winter. Diese Form des Energieausweises wird jedoch nicht für einzelne Wohnungen, sondern lediglich für Gebäude ab fünf Einheiten ermittelt.

Für kleinere Immobilien kommt der *Bedarfsausweis* zum Tragen. Hier wird von dem theoretischen Energiebedarf anhand des Zustandes des Gebäudes ausgegangen. In die Betrachtung fließen bauliche Aspekte wie Alter sowie Zustand der Heizanlage, Fenster

als auch Dämmung ein. Dieser Ausweis kann für unter einhundert Euro online bestellt werden. Der Eigentümer gibt nach bestem Wissen und Gewissen die Eckdaten seiner Immobilie ein und erhält nach kurzer Zeit das Ergebnis.
Die Aussagekraft dieser Ausweise wird stark bezweifelt, da das Prozedere aufgrund möglicher Falschinformationen fragwürdig ist.

Im Anhang finden Sie Weblinks der entsprechenden Länder mit umfassenden Informationen. Über die Seite des Bundesministeriums in Deutschland können Sie außerdem die Broschüre *Energieausweis für Gebäude - nach Energieeinsparverordnung (EnEV 2009)* bestellen oder downloaden.

Bekommen Sie in der Anbahnungsphase des Kaufs einer Immobilie keinen Ausweis vorgelegt, können Sie über die Abrechnungen der Heizkosten den Energiebedarf einschätzen. Es ist lediglich ein Richtwert, da das Heizverhalten der Menschen unterschiedlich ist, aber eine grobe Einstufung ist möglich.

Auch das Alter der Heiztherme bzw. des -kessels ist eine wichtige Information. Eine alte Anlage ist weniger energieeffizient und muss unter Umständen in absehbarer Zeit erneuert werden. Ein triftiges Argument, um den Kaufpreis der Immobilie noch ein wenig reduzieren zu lassen.

Hinzu kommt die Austauschpflicht für alte Heizkessel nach EnEV 2014: Am 16. Oktober 2013 hat die Bundesregierung eine Novelle der Energieeinsparverordnung verabschiedet. Demnach greift seit 2015 die Austauschpflicht für alte Heizkessel ab 1985. Geräte, die zu diesem Zeitpunkt älter als 30 Jahre sind, dürfen nicht mehr verwendet werden. Insbesondere betroffen sind Sie bei dem Kauf eines Hauses mit einer alten Heizanlage. Es gibt einige Ausnahmen, ein Fachbetrieb zum Heizungsbau oder Ihr Schornsteinfeger können Sie beraten.

Meine zusammenfassende Empfehlung

Eine Immobilie ist eine langfristige Investition. Ihr Kauf sollte gut überlegt und vorbereitet sein. Das Internet mit seinen Immobilienplattformen und Ferienportalen bietet umfassende Informationen, die die Entscheidung erleichtern kann. Weiterführende Weblinks finden Sie im Anhang. Berechnen Sie die Wirtschaftlichkeit, aber entscheiden Sie sich für die Immobilie auch mit dem Herzen und nach Ihrem Bauchgefühl. In der Regel wird das Haus oder die Wohnung Sie über eine lange Zeit begleiten.

Kompakte Zusammenfassung

Auswahl der Immobilie	Neben objektiven Kriterien wie Lage, Größe und Beschaffenheit muss die Immobilie zu Ihren persönlichen Aspekten wie Vorliebe, Budget und Lebensmittelpunkt passen.
	Sie haben grundlegende Entscheidungen zwischen - Haus oder Wohnung - Ein- oder Mehrfamilienhaus - Neu- oder Altbau zu treffen, die jeweils unterschiedliche Vor- und Nachteile mit sich bringen.
	Bei der Entscheidung zwischen Alt- und Neubau sind oftmals die eigene Finanzkraft und der Wille die *Muskelhypothek* aufzunehmen und einbringen ausschlaggebend. Ein Neubau ist in der Regel teurer als eine ältere Immobilie.
	Der Energieverbrauch eines Gebäudes kann einen großen Kostenfaktor darstellen. Für viele Immobilien liegt noch kein Energieausweis vor. Lassen Sie sich die Verbrauchsabrechnungen insbesondere für die Heizung vorlegen – Sie haben damit einen aussagekräftigen Richtwert für die Energieeffizienz des Hauses.

4 Das Alleinstellungsmerkmal als Basis für Ihr Marketing

Es ist sinnvoll, sich bereits vor dem Kauf der Immobilie Gedanken darüber zu machen, an wen Sie Ihr Feriendomizil vermieten wollen. Dabei hilft Ihnen das Alleinstellungsmerkmal weiter. Die englische Bezeichnung hierfür ist *unique selling point* und vielen auch als USP geläufig. Es gehört zu den Standardbegriffen im Marketing sowie in der Verkaufspsychologie und bezeichnet die hervorstechende Eigenschaft des Produktes oder der Dienstleistung.
Durch das Alleinstellungsmerkmal grenzen Sie sich von Ihrem Wettbewerb ab. Es wird außerdem als veritabler Kundenvorteil bezeichnet und ermöglicht Ihnen eine direkte Zielgruppenansprache. Sie bieten dieser Gruppe einen besonderen Nutzen – einen Mehrwert, der den Interessenten zum Kunden, vielleicht sogar zum Stammkunden macht.

Fehlt ein Alleinstellungsmerkmal – unterscheidet sich Ihr Produkt bzw. Ihre Leistung also nicht von der der Konkurrenz – können Sie lediglich über den Preis verkaufen. Es ist jedoch fraglich, ob Preis-Dumping für Sie der richtige Weg ist und Ihr Ferienhaus-Projekt erfolgreich macht.

Was bedeutet das nun für die Auswahl Ihrer Ferienimmobilie?

4.1 Individual-Immobilien

Entscheiden Sie sich für eine individuelle Immobilie, finden Sie Ihr Alleinstellungsmerkmal leichter als wenn Sie in ein Haus in einem Feriendorf investieren, in dem es zahlreiche baugleiche oder ähnliche Immobilien gibt.
Das USP kann bei Ihrem Domizil an folgenden Aspekten festgemacht werden:

- Ausgefallene Gebäude
- Zielgruppenspezifischer Außenbereich
- Individuelle Einrichtung
- Originelle Ausstattung
- Umfangreiche Serviceleistungen
- Besondere Lage

Die folgenden Ausführungen sollen Ihnen Anregungen und Beispiele liefern. Sie erheben keinen Anspruch auf Vollständigkeit. Ihrer Kreativität sind hier wenig Grenzen gesetzt. Behalten Sie bei den Überlegungen Ihre Zielgruppen, die Durchführbarkeit und damit verbunden auch die Wirtschaftlichkeit im Sinn. Bei sehr speziellen Ideen überprüfen Sie bitte, ob Ihre Zielgruppe groß genug ist und sich Ihre Investition amortisieren kann.

4.1.1 Ausgefallene Gebäude

Im Urlaub möchten viele etwas Besonderes und damit etwas anderes als das Gewohnte erleben. Ein außergewöhnliches Gebäude kann eine Windmühle, ein Wasserturm oder ein altes, liebevoll saniertes Reetdachhaus sein, z.B. eine alte Schule oder eine Fischerkate. Die aufgezählten Bauformen können durch zahlreiche Treppen, niedrige Decken und Balken zu Komforteinbußen führen, aber es sind urige Immobilien mit besonderem Charme und die gemütliche Atmosphäre kompensiert die kleinen Unbequemlichkeiten.
Gleichzeitig kann Ihre besondere Immobilie eine hochmoderne Wohnung im zehnten Stockwerk sein, die mit viel technischer Raffinesse und einem atemberaubenden Blick über das Meer, eine Flusslandschaft oder ein Bergpanorama besticht.

Es kann immer wieder zu außerordentlichen Kosten z.B. durch Reparaturen kommen. Auch ein Jahr mit niedrigeren Einnahmen ist möglich. Dafür gibt es zahlreiche Einflussfaktoren.

Manchmal rechnen sich kleine, nicht so spektakuläre Wohneinheiten in „normalen Gebäuden", die nicht so kostspielig sind, besser. Sie können hier mit anderen Alleinstellungsmerkmalen punkten.

4.1.2 Zielgruppenspezifischer Außenbereich

Ein klassisches Beispiel dafür ist ein eingezäunter Garten, den Sie Ihren Urlaubern mit Hunden anbieten. Für diese Zielgruppe ist das ein Muss. Leider kann es dabei zu überzogenen Vorstellungen kommen, in welcher Form dies realisiert werden sollte. So wurde ich bereits mit den Erwartungen konfrontiert, den Garten meiner kleinen Reetkate Tating mit Baujahr 1704 mit einem zwei Meter hohen Industriezaun zu umgeben.

Machen Sie sich Ihre eigenen Gedanken, wie Sie Ihre Zielgruppe erreichen und lassen Sie sich gerne Feedback von Gästen und Interessenten geben. Entscheiden Sie letztendlich nach Ihrer Vorstellung und Ihrem Budget, denn Sie können es nicht jedem Recht machen. Ich habe auf den Industriezaun verzichtet und vermiete an sehr viele andere Urlauber in Begleitung ihrer Vierbeiner. Der Außenbereich muss zum Gebäude passen.

Sie können einen schönen Rosengarten zu einem romantischen Domizil schaffen. Dabei ist als wichtiges Kriterium im Vorwege zu überlegen, wer kann den Garten pflegen? So eine Idee bietet sich an, wenn Sie selbst in der Nähe sind - eventuell sogar im gleichen Haus - und eine blühende Pracht eine Ihrer Leidenschaften ist. Dies an einen Angestellten zu delegieren ist vermutlich sehr kostspielig und funktioniert im Zweifel nur dann, wenn Sie es regelmäßig kontrollieren.

Daneben gibt es kleinere Komponenten, die Ihren Außenbereich attraktiv gestalten. Gartenmöbel sind Standard, erhöhen Sie den Komfort für Familien mit Grills, einem Strandkorb und Spielen wie

Boggia und Federball. Wenn Gäste mit Hunden und Katzen zu Ihrer Zielgruppe gehören, sollten Sie auf eine Sandkiste verzichten. Die wird immer wieder verschmutzt.

Großartig ist ein kleiner Spielplatz für die Kinder. Achten Sie dabei auf Wartung und Sicherheit, damit den Kleinen nichts passiert. Heutzutage quasi ein Muss ist ein Parkplatz möglichst vor der Tür. Ferienhausurlaub mit der Familie ist ein halber Umzug – auch wenn das Domizil sehr umfangreich eingerichtet ist – und die meisten Urlauber erwarten einen eigenen Parkplatz in unmittelbarer Nähe. Bei einem Haus mit entsprechendem Grundstück ist er meistens vorhanden. Es gibt allerdings Unterkünfte, bei denen es nicht ohne weiteres möglich ist. Versuchen Sie Ihren Gästen in so einem Fall eine Alternative anzubieten.

Mein Beispiel aus der Praxis
Bei einem Domizil in einer Altstadt ist Parkraum begrenzt, selbst manche Hotels können ihren Gästen lediglich das Halten zum Aus- und Einladen des Gepäcks ermöglichen. Manchmal gibt es eine begrenzte Anzahl von Gästeparkscheinen, die Sie als Eigentümer bei der Gemeinde erwerben können, so zum Beispiel in Mölln. Diese Sondererlaubnis berechtigt nicht zum Parken direkt vor der Tür, aber innerhalb der Altstadt, die aus lediglich zehn Straßen besteht. Die meisten Urlauber und Geschäftsreisenden freuen sich über diesen Service. Andere buchen nicht, weil sie keinen Anspruch auf einen bestimmten Parkplatz haben und eventuell fünf Minuten laufen müssen.

4.1.3 Individuelle Einrichtung

Die Einrichtung umfasst bei diesen Ausführungen sowohl die Gestaltung der Decken, Wände und Böden als auch die Möbel und Dekoration. Sie sollte zu der Immobilie passen, d.h. eine kleine Reetkate im Norden von Deutschland, deren Charme mit niedrigen Decken und kleinen Fenstern punktet, sollte nicht mit dunklen Farben an den Wänden und schweren antiken Möbeln ausgestattet werden. Ihr Gast bekäme Platzangst und die Disharmonie würde ihn erdrücken.

Wenn Sie sich mit Ihrem Angebot an Familien und Paare wenden, wählen Sie Farbtöne, die einen breiten Geschmack treffen und die Sonne und Harmonie in Ihr Haus bringen. Diese können Sie mit Einrichtungsgegenständen der gehobenen Mittelklasse im nordischen Stil kombinieren.

An dieser Stelle möchte ich Ihnen ans Herz legen, der Versuchung zu widerstehen, Ihre Ferienimmobilie mit alten Möbeln einzurichten, die noch im Keller stehen und eigentlich schon auf den Sperrmüll gehören! *Gelsenkirchener Barock* ist nicht mehr gefragt. Sie müssen nicht das Teuerste kaufen und auch gebrauchte Möbel sind eine Alternative, wenn sie gut erhalten und modern sind. Verfolgen Sie bei der Einrichtung eine klare Linie und ein erkennbares Farbschema, vielleicht sogar ein Thema.
Mit der Dekoration an den Wänden, Kissen, Geschirr und Bettwäsche bringen Sie eine persönliche Note und einen wiedererkennbaren Stil in Ihr Domizil.

Wenn Sie sich auf eine ganz bestimmte Zielgruppe spezialisieren, richten Sie das Haus oder die Wohnung ganz besonders ein. In Bremen gibt es z.B. das Hochzeitshaus. Es ist ein winziges Haus im Schnoor – einem Bereich in der Bremer Innenstadt – das sich über drei Etagen erstreckt. Vorstechende Einrichtungselemente sind hier ein großes Bett unter dem Dach und eine riesige Badewanne auf der mittleren Etage. Der Wohnraum ist winzig, da er vermutlich als unwichtig erachtet wird. Im Erdgeschoss gibt es eine Küche, in der morgens leise und diskret ein Frühstück serviert wird, also eine besondere Serviceleistung – dazu mehr im übernächsten Kapitel. Dieses Haus bedient eine extreme Nische mit einer engen Zielgruppe, ist aber etwas Besonderes mit absolutem Alleinstellungsmerkmal. Es ist hochpreisig und wird oftmals lediglich für ein oder zwei Nächte gebucht.

4.1.4 Originelle Ausstattung

Es gibt zahlreiche Gegenstände, die einfach in eine Ferienwohnung gehören und die damit auch nichts Besonderes darstellen. Wenn sie Fehlen, wird Ihr Domizil schlechter gebucht. Erhöhen Sie den Komfort und heben sich von Ihrem Wettbewerb ab, indem Sie umfangreich und besonders ausstatten.
Natürlich gehört ein Fernseher zur Grundausstattung, DVD- bzw. Bluray-Geräte sind häufig vertreten. Ein schönes Extra ist eine gute Auswahl von Filmen, die zusätzlich zur Verfügung gestellt werden. Dass ein Film verschwindet, kommt nur äußerst selten vor.
Gleiches gilt für CDs, Spiele und Bücher. Die Spiele müssen nach ein paar Jahren ausgetauscht werden, da sie verschleißen und an Vollständigkeit einbüßen. Auch die Bücher sind nach Jahren vergilbt und möglicherweise nicht mehr aktuell. Sie können auf Flohmärkten gebrauchte, sehr gut erhaltene Bücher preiswert kaufen.
Ein Highlight, das die Vermietungszahlen im Winterhalbjahr günstig beeinflusst, ist auf jeden Fall ein Kamin. Wenn Sie die Möglichkeit haben, einen Kamin bzw. dänischen Kaminofen nachzurüsten, sollten Sie das tun!
Komfort, den lange nicht jedes Domizil bietet, sind Wlan, Mikrowelle, Geschirrspülmaschine, Waschmaschine und Wäschetrockner. Sie werden jedoch durch die gestiegenen Ansprüche der Gäste

immer mehr zum Standard. Entscheiden Sie selbst, was für Sie sinnvoll und machbar ist. Manchmal scheitert es am Platzbedarf, dass Waschmaschine und Trockner nicht vorhanden sind.
Können Sie mit Pool, Whirlpool oder Sauna punkten? Je ausgefallener Ihre Ausstattungsmerkmale sind, desto mehr sollten Sie sie in den Vordergrund stellen und bewerben.

4.1.5 Umfangreiche Serviceleistungen

Je nachdem ob Sie selbst vor Ort sind oder mit Personal arbeiten, können Ihre Serviceleistungen unterschiedlich ausfallen.
Wenn Sie auf dem gleichen Grundstück oder in der Nähe wohnen – und auch die Zeit dafür aufbringen können und wollen – sind Brötchen oder sogar ein Frühstücksservice für Ihre Urlauber ein großartiger Start in den Tag. Ferienhausbesucher sind in der Regel Selbstversorger. Wenn Sie mehrere Wohnungen in einem Gebäude haben, ist denkbar, dass sich ein Frühstücksangebot rentiert. Dies ist allerdings eine hotelähnliche Leistung und macht Ihr Ferienhaus im Zweifel zum Gewerbe – dazu mehr in Kapitel 10.

Sie können Grillabende für Ihre Gäste veranstalten. Wenn Ihnen das zu weit geht, gibt es auch kleinere Serviceleistungen, die am besten funktionieren, wenn Sie sich selbst darum kümmern. Dazu gehören z.B. Leihfahrräder. Diese sind nicht wartungsfrei verkehrssicher und Sie müssen sehr zuverlässiges Personal haben, wenn sie es anbieten wollen und nicht selbst vor Ort sind. Da ist im Zweifel ein Informationsblatt, wo Ihre Gäste in der Nähe Fahrräder ausleihen können, die bessere Alternative. Manche Verleiher bringen die Zweiräder sogar zu dem Domizil.

Schön ist, wenn die Gäste am Haus persönlich empfangen werden und nicht den Schlüssel irgendwo abholen müssen oder unter der Fußmatte finden. Letzteres ist auch aus versicherungstechnischen Gründen nicht zu empfehlen.

Mein Beispiel aus der Praxis
Es ist schon einmal vorgekommen, dass bei einem Doppelhaus eine Familie sehr spät am Abend und die andere am frühen Morgen anreisen wollten. Die Hausbetreuung legte beide Schlüssel unter die jeweilige Fußmatte. Die zuerst anreisende Familie achtete vor lauter Müdigkeit und Erschöpfung nicht auf die Hausnummer und checkte in die „falsche“ Haushälfte ein. Obwohl beide recht unterschiedlich eingerichtet sind, bemerkten sie ihren Irrtum nicht und legten sich schlafen. Am nächsten Morgen fand die zweite Familie unter „ihrer“ Fußmatte keinen Schlüssel. Große Verwirrung.
Leicht lässt sich dies mit kleinen Schlüsseltresoren lösen, die Sie außen am Haus anbringen können. Sollte ein persönlicher Empfang einmal nicht möglich sein, können Sie dem Gast kurzfristig den vierstelligen Code übermitteln und er kann dann auch ohne Sie ins Haus. Es empfiehlt sich in diesen Fällen, die Begrüßung am nächsten Tag nachzuholen und sich zu erkundigen, ob alles zur Zufriedenheit der Gäste ist.

Heißen Sie Ihre Gäste zusätzlich zum persönlichen Empfang mit einer Flasche Wein, einem Obstkorb oder einem kleinen Strauß Blumen willkommen. Etwas Süßes kann zusätzlich als Betthupferl eingesetzt werden. Das ist nicht neu und auch nicht spektakulär, wird aber trotzdem gern entgegen genommen.
Außerdem stimmen Sie Ihren Gast milde. Leider kann es vorkommen, dass nicht alles perfekt oder nach den Vorstellungen des Urlaubers ist. Wenn Sie aber mehr geben als unbedingt notwendig, reagiert er auf kleine Mängel wesentlich wohlwollender.

Dazu gehören auch kleine Aufmerksamkeiten wie Teelichter, Gewürze in der Küche, vielleicht Kaffee und Tee. Kommen zu Ihnen viele Gäste ohne Auto? Dann kann ein Hol- und Bringservice zum Bahnhof oder Flughafen eine gute Idee sein.
Machen Sie sich Ihre eigenen Gedanken, recherchieren Sie im Internet und sprechen Sie mit Ihren Interessenten und Gästen. Natürlich ist auch dabei zu beachten: Was ist organisatorisch und wirtschaftlich machbar?

4.1.6 Besondere Lage

Dass die Lage bei einer Immobilie ein wichtiger Aspekt ist, das weiß auch jeder, der sich noch nicht besonders viel mit diesem Thema beschäftigt hat. Natürlich gilt das genauso für Ferienimmobilien. Doch was bedeutet das genau? Was ist eine gute Lage für Ihr Feriendomizil? Viele glauben, dass es unbedingt ein Top-Feriengebiet sein muss und innerhalb dieses Gebietes auch noch eine bevorzugte Lage z.B. mit Meerblick.
Dem ist nicht so. Sowohl aus eigener Erfahrung als auch durch Projektbegleitung meiner Kunden kann ich Ihnen sagen, dass auch Immobilien in etwas größerer Entfernung zum Wasser sehr erfolgreich vermietet werden können. Gleiches gilt für eine sehr gute Lage in einem Landstrich, in den weniger Urlauber reisen. Um Missverständnissen vorzubeugen: Es sollte schon eine attraktive Gegend sein – nicht Top, aber bevorzugt. Da die Nebenkosten immer weiter steigen, sollte die Auswahl besonders sorgfältig getroffen werden.

Letztendlich kommt es auf das Gesamtpaket an. Wenn Sie einen kleinen Bungalow auf Rügen haben, der zwar zwanzig Kilometer von den Hauptbadeorten entfernt ist, dafür aber einen Garten mit Pavillon und Grill anbieten, dann sprechen Sie eine andere Zielgruppe an als mit einem Domizil mit Meerblick. Sie realisieren einen niedrigeren Mietpreis als an der ersten Wasserlinie, doch die

Immobilie kostet auch weniger. Sie haben damit niedrigere Hypothekenkosten, die mit einem kleineren Umsatz gedeckt sind. Es ist also ein Rechenexempel. Nicht zu unterschätzen ist der Mehraufwand der Instandhaltung von Immobilien in der ersten Wasserlinie. Je höher der Salzgehalt desto aggressiver ist die Luft und das Material leidet.
In Top-Feriengebiete kommen wesentlich mehr Urlauber, doch ist auch der Wettbewerb größer. Insofern brauchen Sie mehr Kreativität in Bezug auf Ihre Alleinstellungsmerkmale, damit Sie sich von den Konkurrenten abheben. In einem Gebiet mit weniger Tourismus gibt es auch weniger Domizile und es ist einfacher, sich einen Marktanteil zu sichern. Das heißt natürlich nicht, dass Ausstattung und Service hier nicht wichtig sind, aber das versteht sich wohl von selbst.
Immobilien in Alleinlage gibt es nur noch sehr wenig. Dort ist es notwendig, mangelnde Infrastruktur durch Service und eine umfangreiche Ausstattung zu kompensieren. Dann kann auch so eine Immobilie ein Erfolg werden. Wichtig ist die richtige Zielgruppenansprache.

4.2 Häuser und Wohnungen in Ferienparks

Diese Immobilien haben den großen Vorteil, dass dort die Nutzung als Ferienimmobilie bereits genehmigt wurde. Das ist bei vielen Individual-Immobilien nicht der Fall und da dieses Thema eine immer größere Bedeutung bekommt, es wird ausführlich im Kapitel 10 behandelt.
Für Ferienimmobilien in Ferienparks kann das Gegenteil gelten, d.h. diese Häuser und Wohnungen dürfen unter Umständen nur für Urlaubszwecke genutzt werden. Die Möglichkeit dort einzuziehen und sie als ersten Wohnsitz zu nutzen, ist ausgeschlossen. Ein Entscheidungskriterium, das gründlich abgewogen werden sollte, auch in Hinblick auf die Nutzung im Alter und den möglichen Wiederverkauf.

Eine besondere Herausforderung stellt sich bei Ferienparks mit zahlreichen baugleichen Immobilien. Hier ist es wesentlich schwieriger, ein Alleinstellungsmerkmal herauszuarbeiten.
In diesen Fällen ist die Mikrolage innerhalb des Feriendorfes genauso wichtig wie besondere Ausstattungsdetails. Auch mit der Einrichtung sollten Sie sich von der direkten Konkurrenz nebenan absetzen und diese sehr individuell aussuchen.

Oftmals werden diese Immobilien gemeinsam vermarktet und verwaltet. Um die Routine möglichst einfach und kostengünstig zu halten, werden dann in allen Domizilen die gleiche Bettwäsche und das gleiche Geschirr genutzt, um bei Beschädigungen einfach für Ersatz sorgen zu können. In manchen Feriendörfern ist die gesamte Ausstattung der Wohneinheiten identisch.

Da Sie in einem Ferienpark in der Regel nicht selbst vor Ort sind und auch nicht nebenan wohnen, sind besondere Serviceleistungen schwieriger anzubieten – das würde die zentrale Vermarktungsorganisation überfordern.

Prüfen Sie den Vermarktungsvertrag der Agentur, der nicht selten zusammen mit dem Feriendomizil verkauft wird. Sind die Provisionen angemessen? Ist der Vertrag innerhalb weniger Monate kündbar, wenn die Belegungsdaten weit unter den versprochenen Zahlen bleiben oder Sie mit anderen Aspekten der Dienstleistung nicht zufrieden sind?

Bevor Sie eine Immobilie in einem neu geschaffenen Ferienpark kaufen, stellen Sie einen Business-Plan auf und recherchieren Sie, ob die Region dafür geeignet ist, das erhöhte Gästevolumen aufzunehmen. Prüfen Sie, ob die von den Bauunternehmern versprochenen Umsatzerwartungen realistisch sind. Es wird zum Teil leider mit zu hohen Renditeversprechungen gelockt.

<table>
<tr>
<td rowspan="3">Alleinstellungsmerkmal als Basis für Ihr Marketing</td>
<td>Der unique selling point USP ist das Alleinstellungsmerkmal. Es ist die Eigenschaft, die Ihre Ferienimmobilie einzigartig macht oder zumindest aus der Masse hervorhebt.
Ohne so ein hervorstechendes Merkmal haben Sie eins von zahlreichen ähnlichen Angeboten und können ausschließlich über den Preis vermieten.</td>
</tr>
<tr>
<td>Das USP kann bei Ihrem Domizil an folgenden Aspekten festgemacht werden:
∝ Ausgefallene Gebäude
∝ Zielgruppenspezifischer Außenbereich
∝ Individuelle Einrichtung
∝ Originelle Ausstattung
∝ Umfangreiche Serviceleistungen
∝ Besondere Lage</td>
</tr>
<tr>
<td>Es ist in der Regel einfacher bei Individual-Immobilien ein Alleinstellungsmerkmal herauszuarbeiten als bei einem Domizil in einem Ferienpark mit zahlreichen baugleichen Häusern. Dort sind dann die Mikrolage, die Einrichtung und Ausstattung entscheidend.</td>
</tr>
</table>

5 Budget festlegen

Um Ihr Budget zu ermitteln und darüber mit einer Bank zu verhandeln, berechnen Sie im ersten Schritt Ihren Finanzierungsbedarf, also die Summe, die Sie für den Kauf und die Einrichtung des Hauses benötigen. Hinzu kommen die Anlauf- und Werbungskosten.

5.1 Finanzierungsbedarf ermitteln

In der nachstehenden Tabelle sind die Kosten Ihrer Kalkulation für den Kauf einer Immobilie und deren Einrichtung zusammengestellt. Auch der Start Ihrer Vermarktungsaktivitäten wird hier budgetiert. Im Anschluss an diese Aufstellung finden Sie Ausführungen zu den einzelnen Positionen.

Position	Betrag
Kaufpreis des Hauses incl. Einbauküchen	320.000,- € (30.000,- €)
Nebenkosten Makler* 6,25% incl. Steuer Notar** 1,5% Grunderwerbsteuer*** 6,5%	 20.000,- € 4.800,- € 18.850,- €
Sanierungs- und Renovierungskosten	10.000,- €
Umlaufvermögen also Einrichtung des Hauses: Möbel, Elektrogeräte und Geschirr etc.	25.000,- €
Vermarktung starten: Fotos und Texte, Portaleinträge, eigene Website, Flyer, Postkarten	4.050,- €
Reserve (individuell festzulegen, je nach Zustand der Immobilie)	3.000,- €
Summe	405.700,- €

Tabelle 1: Finanzierungsbedarf

*übliche Provisionssätze für den Makler:
Deutschland: Bei privaten Immobilienverkäufen in der Regel zwischen 3 und 6% des Kaufpreises, zzgl. der gültigen Mehrwertsteuer, also 19% – wird in der Regel vom Käufer gezahlt.
Österreich: Die Courtage für den Makler liegt netto bei 3 bis 4% zzgl. 20% MwSt., abhängig vom Wert der Immobilie, Käufer und Verkäufer zahlen in der Regel jeweils die Hälfte.
Schweiz: 1 bis 5% des Kaufpreises, Verhandlungssache, die Maklerprovisionen werden ausschließlich von den Verkäufern bezahlt, Sie haben also als Käufer keine Kosten – vielleicht später, wenn Sie das Haus wieder verkaufen!

**Notargebühren
Deutschland: Die Kosten dafür betragen 1,5 bis 2,0% des Kaufpreises, die in der Regel der Käufer trägt. Darin sind auch die Kosten für das Grundbuchamt enthalten.
Österreich: Notargebühren 1,8% des Kaufpreises
Schweiz: Die öffentliche Beurkundung des Kaufvertrags erfolgt durch Notare, Gemeindeschreiber, Grundbuchverwalter oder öffentlich bestellte Rechtsanwälte. Die Kosten sind je nach Kanton unterschiedlich hoch, in der Regel teilen sich Verkäufer und Käufer die Kosten hälftig. Die Notarkosten sind derzeit in den Kantonen Wallis, Genf, Bern und Tessin am höchsten, in den Kantonen Schwyz, Appenzell, Ausserrhoden, Schaffhausen und Zug am niedrigsten. Zusätzliche Kosten können durch das Erstellen eines Schuldbriefs entstehen, den die Bank des Käufers als Sicherheit verlangt.

***Die Grunderwerbsteuer
In Deutschland fällt sie beim Kauf eines Grundstücks an. Die Höhe ist Ländersache und beträgt zwischen 3,5 und 6,5% der Bemessungsgrundlage, also den Preis für das Grundstück und die Immobilie, nicht aber für bewegliches Inventar. Wenn Sie ein Haus mit einer Einbauküche, Möbeln oder einem Kaminofen kaufen, kann der Betrag – der Bemessungsgrundlage für die Steuer ist – etwas

niedriger, als der Kaufpreis sein. Hierfür wird im Kaufvertrag, der durch den Notar beglaubigt wird, eine – realistische – Summe für das Inventar eingetragen. Bitte beachten Sie dabei, dass gebrauchte Möbel keinen großen Wert haben.
In Schleswig-Holstein beträgt die Grunderwerbsteuer im Jahr 2020 6,5% – diese Zahl wird in der Beispielrechnung verwendet.

In Österreich beträgt der Steuersatz grundsätzlich 3,5%. Es gibt Ausnahmeregelungen. Bitte fragen Sie beim Finanzamt oder Ihren Steuerberater. Zusätzlich fällt für den Grundbucheintrag 1,1% des Kaufpreises an. Für den Eintrag einer Hypothek werden zusätzlich 1,2% des Pfandrechts fällig.
In der Schweiz ist dies die sogenannte Handänderungssteuer. Sie ist kantonal geregelt, in einigen Kantonen gibt es lediglich eine Grundbuchgebühr, in anderen eine Gemengsteuer. Die Kantone Zürich und Schwyz erheben keine Handänderungssteuer oder vergleichbare Gebühren. Sogar die Zahlungspflicht ist in der Schweiz unterschiedlich geregelt, je nach Kanton zahlt der Erwerber oder der Veräußerer, manchmal beide. Bitte informieren Sie sich bei entsprechenden Stellen, welche Regelung Sie betrifft.
Es folgt die Berechnung der einzelnen Positionen aus der obigen Tabelle. Dazu werden die einzelnen Positionen ausführlich erläutert.

5.1.1 Kaufpreis des Hauses

Der Kaufpreis des Hauses beträgt 320.000 Euro. Ich gehe davon aus, dass Sie gut verhandelt haben! Den ursprünglichen Preis aus dem ersten Angebot sollten Sie bei einer Immobilie in dieser Preisklasse um mindestens 15.000 Euro reduziert haben. Wenn sich nun Inventar in dem Haus befindet, also bewegliche Güter wie Einbauküchen, Möbel oder Kaminöfen, sollte dieses im Kaufvertrag vermerkt werden. Sie brauchen auf diesen Betrag in Deutschland keine Grunderwerbsteuer zahlen.

5.1.2 Kauf-Nebenkosten

Bei jedem Immobilienkauf fallen zwangsläufig Nebenkosten an. In der Regel sind dies Maklerprovision, Notarkosten und Grunderwerbsteuer. Im Detail:

5.1.2.1 Makler

Vielleicht haben Sie Glück und finden Ihr Traumhaus ganz ohne Makler. Möglicherweise hat ein privater Verkäufer sein Haus im Internet oder in der Zeitung annonciert und Sie einigen sich so. Dann sparen Sie eine nicht unerhebliche Summe. Oftmals wird jedoch für den Verkauf eines Hauses ein Makler engagiert und dann ist im Erfolgsfall eine Provision fällig. Auch hier können Sie verhandeln – mit dem Verkäufer, dass er einen Teil der Provision übernimmt bzw. mit dem Makler selbst. Steht ein Haus bereits länger zum Verkauf, sind ihre Chancen für eine erfolgreiche Verhandlung sicher gut. Dies kann bei einem Haus, das für die Vermietung an Feriengäste ausgesucht wird, leicht der Fall sein. Es handelt sich vielleicht um ein Liebhaberobjekt, das als fester Wohnsitz nicht so gut geeignet ist – für Ihre Zwecke dann umso mehr.

Die Höhe der Maklerprovision ist in Deutschland frei verhandelbar, es gibt keine gesetzlichen Regelungen. Das Internetportal *immoverkauf24.de* hat marktübliche Maklercourtage beim Hausverkauf in den verschiedenen Bundesländern recherchiert und in folgender Tabelle zusammengestellt:

BUNDESLAND	MAKLERPROVISION GESAMT	ANTEIL VERKÄUFER	ANTEIL KÄUFER
Baden-Württemberg	7,14 %	3,57 %	3,57 %
Bayern	7,14 %	3,57 %	3,57 %
Berlin	7,14 %	0 %	7,14 %
Brandenburg	7,14 %	0 %	7,14 %
Bremen	5,95 %	0 %	5,95 %
Hamburg	6,25 %	0 %	6,25 %
Hessen	5,95 %	0 %	5,95 %
Mecklenburg-Vorpommern	5,95 %	2,38 %	3,57 %
Niedersachsen[1]	7,14 % oder 4,76-5,95 %	3,57 % oder 0 %	3,57 % oder 4,76-5,95 %
Nordrhein-Westfalen[2]	7,14 %	3,57 %	3,57 %
Rheinland-Pfalz[3]	7,14 %	3,57 %	3,57 %
Saarland	7,14 %	3,57 %	3,57 %
Sachsen	7,14 %	3,57 %	3,57 %
Sachsen-Anhalt	7,14 %	3,57 %	3,57 %
Schleswig-Holstein	7,14 %	3,57 %	3,57 %
Thüringen[4]	7,14 %	3,57 %	3,57 %

Tabelle 2: Maklercourtage in Deutschland
Quelle: immoverkauf24.de

Alle Provisionen der Tabelle enthalten 19% Mehrwertsteuer. Die folgenden Angaben wurden zusätzlich recherchiert und ergänzen die Zahlen der Tabelle:

1) Je nach Region werden unterschiedliche Provisionen vereinbart.
2) In Münster bis zu 4,75 % Käuferprovision.
3) Im Kreis Mainz–Bingen bis zu 5,95 % Käuferprovision.
4) In Westthüringen üblicherweise bis zu 5,95 % Käuferprovision.

In der Beispielrechnung werden 6,25% incl. Mehrwertsteuer zugrunde gelegt. Die Basis für die Berechnung dieser Provision ist der Kaufpreis, also 320.000 Euro.

Brutto-Provision: 320.000,- € x 0,0625 = 20.000,- €

Diese Summe erscheint Ihnen vielleicht recht hoch und Sie überlegen, was Sie mit diesem Geld alles in Ihrem schönen, neuen Haus hätten anfangen können. Verständlich, aber in Deutschland wird ein Makler erst im Erfolgsfall bezahlt. Salopp ausgedrückt: Der Letzte zahlt die Zeche.
Bis er die Immobilie verkauft hat, hat er Aufwand für Besichtigungen, Erstellung von Unterlagen und direkte Kosten für das Schalten von Anzeigen etc. – und dafür geht er in Vorleistung.
Kalkulieren Sie diesen Posten genauso ein wie die Grunderwerbsteuer, an der Sie auch nichts ändern können. Und bedenken Sie: vielleicht hätten Sie das Haus ohne die Dienstleistung des Maklers nicht gefunden oder der Kauf wäre nicht zustande gekommen. Der Makler ist auch ein Mittler zwischen den Vertragsparteien.

Natürlich können Sie selbst einen Makler beauftragen, Ihnen Ihre Immobilie nach Ihrem Anforderungsprofil zu suchen. Stellen Sie die gewünschten Kriterien wie Lage, Größe und Preisklasse zusammen und lassen Sie sich von dem Makler geeignete Objekte vorschlagen. Es ist abhängig von Ihrer verfügbaren Zeit und Ihrer Ambition, sich mit der Suche aktiv zu beschäftigen. Nutzen Sie auf den Immobilienportalen im Internet den sogenannten Suchagenten. Sie geben Ihre Eckdaten ein und lassen sich per eMail informieren. Sie brauchen sich im Anschluss lediglich die Angebote anzuschauen, die auf Ihr Profil passen. Dazu mehr im nächsten Kapitel.

5.1.2.2 Gebühren für Notar und Grundbuch

Auch die Notargebühren sind ein Muss. In Deutschland wird der Kaufvertrag einer Immobilie notariell beurkundet. Der Notar veranlasst die Einträge in das Grundbuch – eine sehr wichtige Angelegenheit, um die Sie sich nicht selbst zu kümmern brauchen. Der genaue Eigentumsübergang wird in dem Kaufvertrag festgelegt – an diesem Tag ist der Kaufpreis fällig und der Schlüssel wird übergeben.

Notare rechnen nach einer Gebührentabelle ab für die es eine Verordnung gibt. Die Kosten für Notar und Grundbucheintrag liegen bei 1,5 bis 2% vom Kaufpreis. Dies ist davon abhängig, welche Leistungen Sie in Anspruch nehmen für die Sie ein Wahlrecht haben. Darunter fällt z.B. die Nutzung eines Notaranderkontos.
Es gibt im Internet sogenannte Grundbuchrechner, mit den Sie die Notar- und Grundbuchkosten berechnen können. Sie erhalten als Ergebnis eine Tabelle mit der Kostenübersicht wie in folgendem Beispiel. Es wurden 320.000 Euro sowohl als Kaufpreis als auch als Grundschuldeintrag eingegeben. Auf ein Notaranderkonto wird verzichtet:

Kauf einer Immobilie mit Grundbucheintragung	
Grundbuchkosten:	
Auflassungsvormerkung löschen	25 €
Grundschuld eintragen	635 €
Eigentümer eintragen	635 €
Auflassungsvormerkung eintragen	318 €
Grundschuldbrief erstellen	191 €
Gesamtkosten für Grundbuch	1804 €
Notarkosten:	
Beurkundungsverfahren für den Kaufvertrag	1270 €
Vollzugsgebühr für den Kaufvertrag	318 €
Betreuungsgebühr	318 €
Unterschriftsbeglaubigung	318 €
Notarbestätigung	191 €
Gesamtkosten für Notar	2415 €
MwSt auf Gesamtkosten für Notar	459 €
Gesamtkosten für Notar mit MwSt	2874 €
Gesamtkosten (Grundbuch + Notar)	**4678 €**

Tabelle 3: Notar– und Grundbuchkosten in Deutschland
Quelle: drklein.de/grundbuchrechner.html

In der Beispielrechnung werden pauschal 1,5% des Kaufpreises veranschlagt. Die sogenannte Auflassung ist mittlerweile Standard. Das ist eine Vormerkung im Grundbuch, da durch den Kaufvertrag nicht automatisch der Eigentumswechsel erfolgt – geregelt in § 925

BGB. Das Grundbuch ist dann bis zum endgültigen Eintrag der Käufer blockiert. Dies verhindert Missbrauch. Auf ein Anderkonto wird auch hier verzichtet.
Es entstehen Kosten in Höhe von 1,5% vom Kaufpreis für den Notar und die Grundbucheintragungen:

Notarkosten: 320.000,- € x 0,015 = 4.800,- €

5.1.2.3 Grunderwerbsteuer

Diese Rechnung erhalten Sie ungefähr einen Monat nach der notariellen Beurkundung des Kaufvertrages von dem Finanzamt der Region, in der Ihr Haus steht. Sie sollte umgehend überwiesen werden. Erst wenn die Zahlung eingegangen ist, erteilt die Behörde die sogenannte Unbedenklichkeitsbescheinigung. Sie ist Voraussetzung für den Eintrag in das Grundbuch und fällt in den entsprechenden Bundesländern in folgender Höhe an:

Bundesland	Grunder-werb-steuer 2017	Steuer bei 290.000 Euro Kaufpreis
Baden-Württemberg	5,0 %	14.500,-
Bayern	3,5 %	10.150,-
Brandenburg	6,5 %	18.850,-
Bremen	5,0 %	14.500,-
Hamburg	4,5 %	13.050,-
Hessen	6,0 %	17.400,-
Mecklenburg-Vorpommern	5,0 %	14.500,-
Niedersachsen	5,0 %	14.500,-
Nordrhein-Westfalen	6,5 %	18.850,-
Rheinland-Pfalz	5,0 %	14.500,-
Saarland	6,5 %	18.850,-

Sachsen	3,5 %	10.150,-
Sachsen-Anhalt	5,0 %	14.500,-
Schleswig-Holstein	6,5 %	18.850,-
Thüringen	6,5 %	18.850,-

Tabelle 4: Grunderwerbsteuer in Deutschland

Es macht also einen Unterschied, wo Sie Ihr Feriendomizil erwerben.
In Deutschland gibt es lediglich drei Fälle in den keine Grunderwerbsteuer gezahlt werden muss:

- Erbschaft
- Schenkung
- Verkauf an Personen des ersten Verwandtschaftsgrades. Darunter fallen Ehepartner und Eltern und ihre Kinder, nicht aber Geschwister)

Interessant ist ergänzend zu obigen Ausführungen: Bei einem bereits gebauten Haus zahlen Sie die Grunderwerbsteuer auf den Kaufpreis von Haus und Grundstück. Preiswerter wird dies, wenn Sie lediglich ein Grundstück kaufen. Sie zahlen die Steuer und bauen erst dann das Haus. Dies ist ein finanzieller Anreiz für den Neubau von Immobilien. Im Beispiel werden 6,5% auf den Kaufpreis abzüglich der 30.000 Euro für das Inventar fällig, also:

Grunderwerbsteuer: 290.000,- € x 0,065 = 18.850,- €

5.1.2.4 Sanierungs- und Renovierungskosten

Bei der Kalkulation dieser Kosten ist die zentrale Frage:
Wer macht´s?
Wenn Sie selbst handwerklich begabt und motiviert sind, können Sie viel Geld sparen. Wenn Sie für jede Kleinigkeit einen Handwerker bezahlen, kann das ganze Projekt teuer, vielleicht sogar unrentabel werden. Das hängt entscheidend von dem Alter und Zustand der Immobilie ab. Doch selbst wenn Sie ein neues oder relativ neues Haus kaufen: Bis die letzte Rate bezahlt ist, dauert dieses Abenteuer zwanzig bis dreißig Jahre. So lange halten die wenigsten Dinge in einem Haus. Außerdem werden Sie renovieren müssen.
Für die meisten Bauherren ist es sinnvoll, einen Mittelweg zu gehen. Sie vergeben bestimmte Tätigkeiten grundsätzlich an Handwerker – andere bringen sie als Eigenleistung ein.
Für das Beispiel werden 10.000 Euro eingeplant, da sich das Haus in saniertem Zustand befindet und vor Vermietungsbeginn lediglich renoviert werden soll. Eine Kalkulation können Sie über Angebote von Handwerkern und Einkaufslisten für den Baumarkt erstellen.

Die Zeit, die Sie selbst einbringen, geht in diese Rechnung nicht mit ein. Rein betriebswirtschaftlich gesehen ergibt dies ein leicht schiefes Bild – ist jedoch übliche Praxis. Insgesamt geht diese Rechnung auf.
Da die meisten Ferienhäuser Saisonbetriebe sind, kommt zum Ausgleich immer wieder die gut vermietete Zeit, in der handwerklich kaum etwas zu tun ist. Diese Zeit werden Sie genauso genießen.

5.1.2.5 Budget für die Einrichtung und Ausstattung

Sehr ausführlich wird dieses Thema im dritten Band dieser Reihe behandelt. An dieser Stelle soll lediglich ein Überblick gegeben werden, der Ihnen die Entscheidung erleichtern kann, ob Sie sich von

vornherein für ein etabliertes Ferienhaus interessieren und welche Summen Sie dann kalkulatorisch ansetzen.
Es wird die gesamte Einrichtung der Zimmer einbezogen, also Möbel, Elektrogeräte und Deko – außer Wanddekoration und Bodenbelege.
Einrichtung und Ausstattung gegliedert nach Räumen:

- Wohnzimmer: 3.300 bis 4000,- €
- Schlafzimmer: ca. 2.000,- €
- Küche: ca. 4.500 bis 5.000,- €
- Bad: ca. 500,- €
- Flur: ca. 500,- €
- Service und Sicherheit: 500,- €
- Garten: 1000,- €

Viele Domizile haben zwei bis drei Schlafzimmer, die Kosten verdoppeln bzw. verdreifachen sich dann.
Mit diesen Summen ist es möglich, die Räume vernünftig und ansprechend einzurichten. Nach oben gibt es da natürlich keine Grenzen.
In diesem Beispiel wird von einem kleinen Doppelhaus ausgegangen, das pro Haushälfte zwei Schlafzimmer hat. Einbauküchen sind bereits vorhanden. Das Budget für die Einrichtung beträgt also: 25.000 Euro.

5.1.2.6 Marketing starten

Was nützt das schönste Feriendomizil in der besten Lage, wenn keiner davon weiß? Von Anfang an ist ein professionelles Marketing wichtig, damit Sie sich mit Ihrer Immobilie am Markt positionieren und möglichst schnell Buchungen und damit Geldeingänge generieren.

Ausführlich werden sich die Bände 4 und 5 diesem Thema widmen. Hier erhalten Sie lediglich einen Überblick damit Sie Ihr Budget für die Finanzierung realistisch planen können.

Bei der Berechnung des Marketingbudgets für den Start wird davon ausgegangen, dass Sie einen Dienstleister beauftragen. Sinnvoll ist nach meinen Erfahrungen dazu auch eine Überprüfung der Einrichtung des Hauses von einer Fachfrau. Wenn der Berater die Fotos vor Ort aufnimmt, kann der Status des Ferienhauses in diesem Zusammenhang auf Praxistauglichkeit gleich mit gecheckt werden. Dies entfällt, wenn Sie die Immobilie von einem Ferienhaus–Experten haben einrichten lassen. Dies würde das Budget im vorangegangenen Kapitel jedoch erheblich steigern.

In diesem Beispiel wird davon ausgegangen, dass Sie die Einrichtung des Hauses selbst vorgenommen haben und nun eine Expertin mit der Erstellung und Durchführung eines Marketingkonzeptes beauftragen. Das kann in Zahlen wie folgt aussehen:
Marketing-Konzept samt Umsetzung für Ihr Ferienhaus:

- Status aufnehmen, Beratung, Fotos vor Ort: ca. 600,- €
  zzgl. Anfahrt (ab 200,- €)
- Corporate Design entwickeln: 300,- €
- Erstellung Muster Buchungsunterlagen: 200,- €
- Basis für Website: Domain: 100,- €
- Eigene Website: ab 1.500,- €
- Software für Websiteerstellung: 200,- €
- Portaleinträge einrichten: je 250,- €
- Flyer gestalten: 450,- €
- Facebook-Coaching: nach Aufwand

Insgesamt liegt das Budget mit zwei Portaleinträgen sowie ohne Facebook-Coaching bei mindestens 4.050 Euro.

Hinzu kommen dann die laufenden Kosten für die Portale und die Website mit ungefähr 500 Euro pro Jahr und die Druckkosten für 1000 Flyer mit 80 Euro.

5.1.2.7 Reserve

Gleichgültig wie gut Sie kalkulieren, es wird beim Bauen immer teurer. Planen Sie Reserve ein, dann ist es entspannter! Für das Beispiel werden lediglich veranschlagt:

Reserve: 3.000,- € ≈ 1%

5.1.2.8 Anlaufkosten

Sie kaufen beispielsweise ein Doppelhaus an der Ostseeküste von Schleswig-Holstein, das am 01. Februar übergeben wird. Sie planen für die Renovierungs- und Einrichtungsarbeiten drei Monate ein. An der Ostsee ist im Sommerhalbjahr die Hauptsaison mit dem Hauptumsatz. Wenn Sie Ihr Domizil attraktiv gestalten, verlängern Sie die kurze gut vermietbare Zeit. In der Nebensaison und in den Wintermonaten locken Sie Urlauber mit einen Kamin oder einer Sauna im Haus. Der Jahreswechsel ist ebenfalls eine beliebte Reisezeit.

Vermietungsstart ist der 01. Mai, wenn der Zeitplan eingehalten wird. Das ist ein gutes Timing, die ersten Gäste an der Ostsee kommen zu Ostern – das ist in diesem Jahr nicht zu schaffen – richtig beginnt die Saison im Mai. Damit die Vermarktung des Hauses gestartet werden kann, brauchen Sie schnell Innenfotos. Wenn Sie früh und geschickt vermarkten, bedeutet dies Buchungen und Vorauszahlungen – möglicherweise bereits vor Vermietungsbeginn.

Zurück zu den Anlaufkosten: In den Monaten der Renovierung realisieren Sie meist noch keine Einnahmen, aber bereits Ausgaben – auch für die Finanzierung des Hauses. Es ist sinnvoll Eigenkapital bereitzuhalten und das bei der Festlegung des Fremdkapitalbedarfs zu berücksichtigen. Wenn Sie im vornherein wissen, dass Sie eine Phase der Sanierung und Renovierung haben werden, können Sie mit der Bank für diese Zeit eine Aussetzung der Tilgung vereinbaren. Sie zahlen in dieser Phase also lediglich die Zinsen und starten mit der Tilgung, wenn Sie die ersten Zahlungseingänge haben.

***

Wenn Sie alle Positionen der Tabelle zusammenrechnen, haben Sie den Betrag, den Sie benötigen, um dieses Projekt mit der auserwählten Immobilie zu starten.

Der Kapitalbedarf beträgt: 405.700,– €

5.1.2.9 Finanzierung mit und ohne Eigenkapital

Wie Sie in einer Bank oder Sparkasse einen kompetenten und unterstützenden Partner finden, wird in einem späteren Kapitel Thema sein. An dieser Stelle sei angemerkt, dass es möglich ist, auch ohne Eigenkapital eine Ferienimmobilie zu finanzieren. Derzeit sind die Zinsen so niedrig, dass es sich in jedem Fall rechnet, wenn Sie eine Immobilie in einer guten Lage zu einem moderaten Preis erwerben. Nicht alle Banken unterstützen dieses Konzept.

Eine gute Möglichkeit ist, einen bestehenden Sparvertrag oder eine bereits einige Jahre eingezahlte Lebensversicherung in die Finanzierung einzubringen bzw. als zusätzliche Sicherheit verpfänden, wenn Sie nicht viel Eigenkapital mitbringen.

Eine Lebensversicherung ist aufgrund der gefallenen Zinsen keine Anlage mehr, die sich lohnt. Für die Sicherung z.B. der Nebenkosten wird sie von den Banken gern gesehen.

Wenn Sie Eigenkapital mit in Ihre Finanzierung einbringen, sollten Sie auch dafür eine Rendite rechnen. Dieser Punkt ist allerdings beim derzeitigen Zinsniveau zu vernachlässigen. Lohnend ist das Einbringen von Eigenkapital insofern, dass Sie mit steigendem Anteil von eigenem Geld auf jeden Fall bessere Zinssätze für die Fremdkapitalaufnahme erhalten.

<table>
<tr><td rowspan="3">Budget festlegen</td><td>Um den Kreditrahmen mit Ihrer Bank zu verhandeln, ist es wichtig im Vorwege das benötigte Budget zusammenzustellen.</td></tr>
<tr><td>Der Finanzierungsbedarf setzt sich aus folgenden Komponenten zusammen:
∝ Kaufpreis der Immobilie
∝ Kaufnebenkosten
o oftmals Maklerkosten
o Notar
o Grunderwerbsteuer
∝ Kosten der Sanierung und/oder Renovierung
∝ Einrichtung des Hauses
∝ Vermarktungsstart
Anlaufkosten, wenn Übergabe und Vermietungsstart zeitlich auseinander fallen
∝ Reserve</td></tr>
<tr><td>Die Finanzierung Ihrer Ferienimmobilie ist mit und ohne Eigenkapital möglich. Die Rendite auf das Eigenkapital kann beim derzeitigen Zinsniveau vernachlässigt werden, Sie bekommen aber günstigere Konditionen für Ihr Darlehen, wenn Sie auch Eigenkapital mit einbringen.</td></tr>
</table>

6 Ihre Wunschimmobilie finden

Sie haben sich entschieden, eine Ferienimmobilie zu erwerben und sich bereits Gedanken über den Standort sowie die Preisklasse gemacht. Insbesondere wenn Sie mit der Suche nach Ihrem Traumhaus oder Ihrer Traumwohnung einen Makler beauftragen wollen, ist es wichtig, die Eckpunkte schriftlich festzuhalten. Ich empfehle Ihnen, so ein Profil auch dann zu erstellen, wenn Sie sich selbst auf die Suche machen wollen.

6.1 Anforderungsprofil festlegen

In den vorangegangen Kapiteln haben Sie einen Überblick erhalten, welche Kriterien bei der Auswahl einer Ferienimmobilie wichtig und sinnvoll sind. Stellen Sie das Anforderungsprofil für Ihre Wunschimmobilie folgendermaßen zusammen:

- Land/Entfernung zu Ihrem Lebensmittelpunkt
- Region
- Entfernung zum Wasser/Strand bzw. regionalem Highlight wie z.B. Skigebiet
- Haus oder Wohnung
- Altbau oder Neubau
- Individualimmobilie oder Ferienpark
- Etabliertes Domizil oder Neuinstallation
- Größe und Anzahl der Zimmer
- Ausstattung zur Saisonverlängerung wie Kamin, Sauna etc.
- Budget incl. Nebenkosten

6.2 Auf die Suche gehen

Auch wenn Sie einen Makler beauftragen, sollten Sie sich selbst einen Überblick über den Immobilienmarkt zu verschaffen. Sie erhalten einen Eindruck vom Preis-Leistungs-Verhältnis und entdecken möglicherweise Immobilien, die nicht Ihrem ersten Profil entsprechen, Sie aber trotzdem begeistern. Setzen Sie die Grenze Ihres Budgets nicht zu eng, Vielleicht liegt Ihre Traumimmobilie lediglich geringfügig darüber.
Mit folgenden Hilfsmitteln können Sie Ihre Suche beginnen.

6.2.1 Zeitungen

Der Vollständigkeit halber seien hier noch die Zeitungen erwähnt, da auch sie ein Immobilienteil bieten. Der große Nachteil ist, dass sie in der Regel keine Bilder beinhalten und Sie für weiterführende Informationen online gehen oder auf ein Exposé warten müssen.

6.2.2 Immobilienportale im Internet

Sinnvoller ist die Recherche im Internet. Hier erhalten Sie nicht nur die Eckdaten zur Immobilie, sondern in der Regel ebenfalls zahlreiche Fotos, Grundrisse und Umgebungsinfos.

6.2.2.1 Überblick verschaffen

Um sich erst einmal einen Überblick zu verschaffen, was der Immobilienmarkt in Ihrer Wunschregion zu bieten hat, können Sie im ersten Schritt Ihre Suche auf einem Portal wie *Immobilienscout24.de* oder *Immowelt.de* relativ weit fassen, also ohne Kaufpreis um mit großem Umkreis:

Schauen Sie sich die Ergebnisse an und prüfen Sie, ob Sie mit Ihrem Budget in dieser Region zu Ihrer Wunschimmobilie kommen.
Um die Wirtschaftlichkeit zu berechnen, ist eine Recherche der Übernachtungspreise in dieser Region notwendig. Dies wird Thema des nächsten Bandes dieser Reihe sein.

Abb. 1: Immobiliensuche im Internetportal

6.2.2.2 Suchagenten einrichten

Nach der ersten Recherche passen Sie Ihr Anforderungsprofil eventuell noch einmal an und speichern es schließlich ab. Sie werden dann jedes Mal per Mail informiert, wenn eine neue Immobilie im Angebot ist, die zu Ihren Suchkriterien passt.

6.2.3 Makler beauftragen

Wenn Ihnen das alles zu mühsam ist oder Sie dafür einfach keine Zeit haben, beauftragen Sie einen Makler. Er filtert den Markt nach Ihren Anforderungen und sendet Ihnen Exposés, wenn er passende Immobilien findet oder in seinem Angebot hat.
Da auch zahlreiche Immobilien, die Sie im Internet finden, über einen Makler verkauft werden und Sie diesen im Falle des Kaufs bezahlen müssen, können Sie auch einen Makler mit der Suche beauftragen.
Folgen Sie gern einer Empfehlung aus Ihrem Freundes- oder Bekanntenkreis.

6.2.4 Netzwerke nutzen: Xing und Facebook

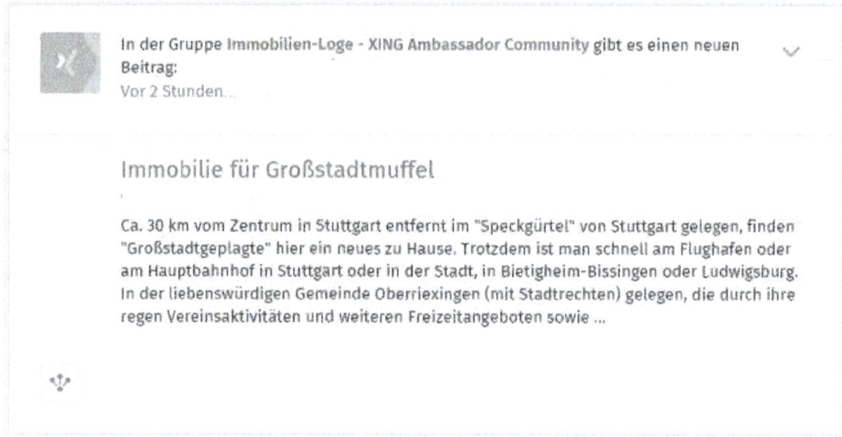

Abb. 2: Beispiel für einen Gruppeneintrag auf Xing

Soziale Netzwerke werden mittlerweile für alle möglichen Zwecke und Ziele genutzt. Auch für Ihren Vermarktungserfolg – nach Erwerb und Einrichtung Ihrer Immobilie – spielen sie eine immer größere Rolle. Sie können auch hier nach Angeboten schauen – oder vielleicht noch zielführender – Ihre Suchkriterien veröffentlichen. Sowohl auf Xing als auch auf Facebook gibt es Gruppen, über die Sie in Kontakt zu Verkäufern oder Maklern treten können. Voraussetzung dafür ist, dass Sie einen Account bzw. ein Profil auf diesen Plattformen besitzen. Sie treten dann sehr unkompliziert verschiedenen Gruppen bei, die sich zum Thema Kauf und Verkauf von Immobilien gegründet haben. Posten Sie Ihr Anforderungsprofil und schauen Sie, ob Sie Angebote erhalten. Vielleicht passt auch das Angebot eines Gruppenmitgliedes zu Ihrer Wunschimmobilie.

6.3 Besichtigungen

Und dann wird es wirklich spannend!
Sie haben die ersten Immobilien gefunden, die Ihnen zusagen und wollen sich einen Eindruck in natura verschaffen. Wenn Ihr Zuhause nicht zu weit von dem Domizil entfernt ist, empfiehlt sich eine Vorabbesichtigung von außen. Ansonsten vereinbaren Sie einen Termin und los geht´s. + Zollstock
Nehmen Sie gerne einen Fotoapparat mit bzw. denken Sie daran mit Ihrem Handy vor Ort Fotos zu machen. Die meisten Eigentümer haben nichts dagegen. Je nach Größe des Objektes können Sie sich hinterher nicht mehr an alle Details erinnern, da sind Fotos hilfreich.
Lassen Sie sich begleiten, auch wenn Sie die Immobilie allein kaufen wollen. Vier Augen sehen mehr als zwei – klingt platt, ist aber wahr. Nehmen Sie gerne eine fachkundige und kritische Person mit. Und seien Sie auch selbst aufmerksam. Schauen Sie nach Indizien für Mängel und sprechen Sie den Verkäufer oder den Makler direkt darauf an, wenn Sie einen Verdacht haben – oder auch wenn alles prima aussieht. Ein gebrauchtes Haus kaufen Sie so wie gesehen.

6.3.1 Checkliste

Folgende Punkte sind bei einem gebrauchten Haus kritisch zu betrachten:

- Alter und Zustand
    - der Bausubstanz
    - des Dachs
    - der Heizungsanlage
    - der Elektrik
    - der Wasserrohre
    - der Fenster

- Gibt es Mängel?
- Sind alle Genehmigungen vorhanden?
- Liegt auch eine Nutzungsänderung für die Vermietung an Feriengäste vor?

Letztendlich ist der Gesamteindruck und -zustand entscheidend. Wenn Sie unsicher sind, können Sie vor dem Gang zum Notar auch einen Gutachter beauftragen, manchmal verlangt dies auch die finanzierende Bank oder sie schickt einen eigenen Experten – dazu später mehr.

6.4 Neu etablieren oder Bestand übernehmen

Wenn Sie das Glück haben, ein etabliertes Feriendomizil zu finden, kann Ihnen das viel erleichtern. Sie kaufen das Haus mit bestehender Einrichtung und Ausstattung, übernehmen das Marketing und eventuell sogar das Personal. Selbst wenn Sie in allen Bereichen noch Veränderungen vornehmen, ist der Aufwand wesentlich geringer als wenn Sie ein leeres Haus kaufen.

Im Folgenden werden Budgets und Zeitaufwände für den Fall der Neuschaffung eines Feriendomizils aus einem leeren Haus, zusammengestellt. Diese sind als Richtwerte zu verstehen, da sie naturgemäß je nach Größe des Objektes und der Exklusivität der Ausstattung variieren. Es wird hier von mittlerer Größe und Qualität in der gehobenen Mittelklasse ausgegangen:

6.4.1 Budget für Einrichtung und Ausstattung

Im vorherigen Kapitel wurde für die Einrichtung und Ausstattung des Ferienhauses ein Minimalbetrag von 15.000 Euro errechnet. Dies ist also der Betrag, den Sie mindestens sparen, wenn Sie ein

Haus oder eine Wohnung übernehmen, die so ausgestattet ist, dass Sie sie ohne große Veränderungen sofort weiter vermieten können.

6.4.2 Marketing etablieren

Auch dieses Budget wurde bereits explizit durchgerechnet. Für den Start wurde von einem Facebook-Coaching abgesehen. Alle anderen Maßnahmen für den Start ergaben ein Startkapital von 4.050 Euro. Dies sparen Sie bei der Investition in ein etabliertes Ferienhaus mit bereits bestehendem Marketing.
Die Maßnahmen sollten Sie in jeden Fall fortsetzen, denn es gibt nur extrem wenig Domizile, die ohne Werbung auskommen. Auch etablierte Ferienimmobilien mit zahlreichen Stammgästen benötigen jedes Jahr neue Gäste, die durch Werbung darauf aufmerksam werden.

6.4.3 Personal finden und einarbeiten

Wenn Sie selbst nebenan wohnen, können Sie alle Aufgaben selbst erledigen. In der Regel ist dies jedoch nicht möglich. Dann benötigen Sie Unterstützung und müssen sich Personal suchen.

6.4.3.1 Agentur

Eine Agentur kann Ihnen alle Aufgaben im Paket abnehmen. Für eine Provision in Höhe von 18% zzgl. MwSt. von Ihrem Umsatz sorgt sie für die Vermarktung und Verwaltung, rekrutiert Reinigungspersonal, erledigt Hausmeistertätigkeiten und organisiert die Schlüsselübergabe an die Gäste. Sie haben damit das Rundum-sorglos-Paket und einen sehr großen Teil der Aufgaben des Ferienhausbetriebes delegiert.

Wenn Sie sich für die Vermarktung in Eigenregie entscheiden, weil Sie so viel Umsatz nicht abgeben wollen und es zeitlich schaffen, die Immobilie selbst zu vermarkten und zu verwalten, gehört auch die Personalsuche für die Erledigung der Aufgaben vor Ort zu Ihrem Portfolio.

6.4.3.2 Hausbetreuung

Ihre Hausbetreuung finden Sie über eine Kleinanzeige im regionalen Anzeigenblatt. Diese wird dann ebenfalls im Internet veröffentlicht. Sie planen für diesen Bereich also Zeit für die Bewerbungstelefonate und die Vorstellungsgespräche vor Ort ein.
Die Bezahlung lässt sich über eine Rechnungsstellung oder einen Minijob abwickeln. Rein für die Betreuung, also den Empfang von Gästen und ggf. Handwerkern, Wäschepflege und Kontrollgängen ist eine monatliche Pauschale zwischen 40 und 100 Euro angemessen, je nach Gegebenheiten wie Größe des Domizils und Entfernung der Hausbetreuung zum Objekt.

6.4.3.3 Reinigungskraft

Mit Sicherheit benötigen Sie eine zuverlässige und loyale Reinigungskraft. Diese zu finden ist im Laufe der letzten Jahrzehnte nicht gerade einfacher geworden. Wenn Sie Hausbetreuung und Reinigung in eine Hand geben können, hat dies Vorteile. Aber auch die Splittung der Aufgaben ist möglich. In diesem Fall haben Sie eine Vertretung, falls eine Person einmal ausfällt.
Auf der Kostenseite ist also auch die Reinigung zu berücksichtigen, die in der Regel von den Gästen separat gezahlt wird. Sinnvoll sind eine stundenweise Abrechnung mit dem Personal und eine Pauschale für die Gäste. Durch die Entfernung handelt es sich um eine Vertrauensstellung und da die Sauberkeit im Ferienhaus eine wichtige Säule ist, wertschätzen Sie diese Tätigkeit bitte!

Beim Splitting der Aufgaben haben Sie noch einmal den ähnlichen Aufwand der Personalsuche.

6.4.3.4 Gärtner

In dem Fall, dass Sie ein Haus mit Garten erwerben, brauchen Sie einen Gärtner, der zumindest den Rasen mäht, wenn vorhanden die Hecken schneidet und grob für einen gepflegten Gesamteindruck sorgt. Idealerweise finden Sie eine Hausbetreuung die neben der Reinigung auch den Garten bewirtschaftet – das ist jedoch eher selten. Um die Stelle des Gärtners zu besetzen, schalten Sie ebenfalls eine Kleinanzeige. Eine weitere Möglichkeit ist eine Empfehlung aus der Nachbarschaft des Ferienhauses. Geht es lediglich um die Rasenpflege, kann auch ein Schüler oder Rentner aus der Umgebung diese Aufgabe übernehmen.
Die Kosten sind abhängig von der Größe des Gartens und Ihrer To-do-Liste für den Gärtner.
Haben Sie sich für eine Wohnung entschieden, sollten Sie den Außenbereich mit einigen Blumen in Kästen oder Töpfen verschönern. Diese Pflege kann die Hausbetreuung mit übernehmen.

6.4.4 Zeitaufwand für vorbereitende Maßnahmen

Aufgrund der vorangegangenen Kapitel können Sie hochrechnen, welchen Zeitaufwand Sie haben, wenn Sie lediglich ein leeres Haus kaufen und dieses erst zu einer Ferienimmobilie machen. Hier eine ungefähre Abschätzung:

- Einrichtung und Ausstattung
    - Möbel aussuchen, liefern und aufbauen lassen (Lieferzeiten können bis zu acht Wochen betragen)

- Elektrogeräte, Bettzeug und Wäsche, Dekoration aussuchen oder Einkaufsberater beauftragen, liefern lassen und einrichten oder selbst auf Einkaufstour gehen

Abhängig von dem Engagement der ausführenden Parteien und den Lieferzeiten der Möbel sollten Sie vier Wochen bis drei Monate einplanen.

- Marketingberater engagieren, Vor-Ort-Termin verabreden, Fotos aufnehmen lassen.
Hierbei gilt zu bedenken, dass die Innenfotos erst nach Abschluss der Einrichtungsphase gemacht werden können. Für alle Marketingmaßnahmen werden die Innenansichten benötigt. Im Anschluss muss Zeit für die Erstellung der Online-Broschüren auf Internetportalen und die Programmierung der Website eingeplant werden.
Abhängig von der Flexibilität und des Engagements des Dienstleisters können Sie für diese Phase zwei bis sechs Wochen einplanen.

- Personal suchen, finden und einarbeiten oder Agentur beauftragen und Vermarktung starten
Abhängig von der Alternative, die Sie wählen und ein wenig Glück bei der eigenen Personalsuche, sollten Sie hier vier bis acht Wochen einplanen. Dieser Punkt kann parallel zur Einrichtung des Hauses und des Marketings realisiert werden.

Wenn Sie dagegen ein etabliertes Ferienhaus finden, kann dieser Aufwand gegen Null sinken. In der Regel gibt es immer Optimierungspotential, doch Sie können sofort anfangen, mit dem Domizil Geld zu verdienen und die Verbesserungen ganz entspannt nach und nach durchführen.

Bonus

Bei einem etablierten Ferienhaus übernehmen Sie außerdem das Stammgäste-Potenzial, das den Wert des Domizils noch weiter erhöht. Dieser ist schwierig nominell zu beziffern, da es nicht bei allen Objekten gleich groß ist. Hier wird es aus diesem Grund lediglich als weiterer Bonus betrachtet.

Ihre Wunschimmobilie finden	Legen Sie im ersten Schritt Ihr Anforderungsprofil fest. Es sollte die folgenden Eckdaten enthalten: ∝ Lage/Region ∝ Haus oder Wohnung ∝ Altbau oder Neubau ∝ Individualimmobilie oder Ferienpark ∝ Größe ∝ Budget
	Auf die Suche nach Ihrer Immobilie können Sie in Zeitungen, auf Immobilienportalen im Internet und auch in sozialen Netzwerken wie Xing und Facebook gehen.
	Auch wenn Sie lieber einen Makler mit der Suche beauftragen wollen, empfehle ich Ihnen, sich selbst einen Überblick über den Immobilienmarkt in Ihrer Wunschregion zu verschaffen.
	Neben der Neuinstallation einer Ferienimmobilie besteht die Möglichkeit ein etabliertes Ferienhaus zu erwerben. Die Alternative kann Ihnen Zeit und Geld sparen.

7 Gutachter beauftragen

Wer unsicher ist, ob der verlangte Kaufpreis der Immobilie eine realistische Größenordnung hat, kann sich mit einem unabhängigen Gutachten Klarheit verschaffen. Da es 500 bis 1.000 Euro kostet, kommt dies sicherlich nur dann in Frage, wenn Sie Ihre Entscheidung für eine Immobilie noch einmal absichern wollen.

Es gilt zu bedenken, dass die Bezeichnungen Sachverständiger und Gutachter in Deutschland nicht geschützt sind. Greifen Sie gern auf eine Empfehlung zurück. Andernfalls können Sie über die Qualifikation Ihre Auswahl treffen. Viele Gutachter verfügen über eine Hochschulausbildung in Architektur, Bauingenieurwesen, Facility Management, Vermessungsingenieurwesen, Betriebswirtschaftslehre, Bauökonomie, Immobilienökonomie, Stadtplanung oder Geographie und eine mehrjährige Berufserfahrung beziehungsweise Weiterqualifizierung auf dem Gebiet der Grundstücksbewertung. Ziel in der Grundstücksbewertung ist die Ermittlung des Verkehrswertes (Marktwertes) im Sinne des § 194 BauGB (Baugesetzbuch). Im Falle einer Ferienimmobilie gibt es zwei Möglichkeiten für den Wertansatz. Zum einen kann der Sachwert, also die Summe aus Bau- und Bodenwert, zum anderen der Ertragswert ermittelt werden.

7.1 Sachwertgutachten

Die Wertermittlung von Grundstücken ist in Deutschland in der Wertermittlungsverordnung (WertV) rechtlich normiert. Um ein Sachwertgutachten einer Immobilie zu erstellen, werden das Haus bzw. die Wohnung getrennt von dem Grundstück in unterschiedlichen Verfahren betrachtet.

Für die Immobilie wird das Sachwertverfahren angewendet: Der Wert der Gebäude, Außenanlagen und besonderer Einrichtungen wird getrennt von dem Bodenwert nach den Normalherstellungskosten ermittelt. Das Sachwertverfahren wird vor allem bei eigengenutzten Immobilien angewendet, wie etwa bei Einfamilienhäusern. Diese werden meist selbst bewohnt und bringen somit keinen Ertrag. Der Sachwert wird außerdem marktbereinigt, um zu einem Ergebnis zu kommen, das dem regionalen Markt entspricht. (§§ 21 bis 23 ImmoWertV = Immobilienwertermittlungsverordnung).
Der Wert des Grundstücks wird separat nach dem sogenannten Vergleichswertverfahren ermittelt. Hierbei werden vergleichbare Grundstücke und ihre Marktpreise für die Bewertung betrachtet. Voraussetzung ist, dass es genügend Vergleichsobjekte gibt, Je spezieller die Immobilie ist, umso weniger ist das Vergleichswertverfahren für die Praxis geeignet (§ 15 ImmoWertV).

Um ein Sachwertgutachten erstellen zu lassen, bestellen Sie einen Gutachter zu einem Ortstermin. Da er ebenfalls eine Innenbesichtigung vornimmt, muss der Verkäufer Ihrer Wunschimmobilie damit einverstanden sein. Dies wird nicht immer der Fall sein. Die Erstellung des Gutachtens dauert dann in der Regel zwei Wochen. Für diesen Zeitraum sollten Sie eine Kaufoption haben. Ansonsten sind Sie nach Erhalt des Gutachtens entschlossen und der Verkäufer hat die Immobilie anderweitig veräußert.

Manche Banken fordern Gutachten von einem unabhängigen Sachverständigen. Mir ist es bei dem Kauf meines ersten Hauses so ergangen. Da ich noch recht unsicher in der Einschätzung von Immobilien war, habe ich das Gutachten gerne in Auftrag gegeben. Beim zweiten Besichtigungstermin war ich mit einem Gutachter vor Ort. Der Wert entsprach der Kaufpreisforderung und der Finanzierung stand nichts mehr im Weg.

Ein Sachwertgutachten weist den folgenden Inhalt auf:

- Adresse des Objektes
- Allgemeine Angaben
    - Grundbuchangaben
        - Amtsgericht und Flurstückangaben
        - Größe des Flurstücks
        - Eigentümer
    - Gutachterzweck/Vorbemerkung
- Kurzcharakteristik
    - Objektart
    - Objektlage innerhalb der Gemeinde
    - Umwelteinflüsse
    - Verkehrsanbindungen
    - Lage auf dem Grundstück
    - Erschließung des Grundstücks
    - PKW Parkplätze
    - Baujahr
    - Architektonische Gestaltung/Bauweise
    - Baulicher Zustand
    - Energetische Situation
- Wertansätze
    - Bodenwert
        - Berechnung über Bodenrichtlinien und Grundstücksgröße
    - Bauwert
        - Gebäudekenndaten
            - BFG (Bruttogrundfläche) berücksichtigt die gesamte Fläche aller Etagen, auch unter Schrägen
            - Wohnfläche in qm
            - Standardstufe, Einordnung auf einer Skala von 1 – 5, betrifft Modernisierungsgrad und Ausstattung

Der Wertansatz wird durch die Errechnung der Herstellungskosten vorgenommen. Dabei sind 70 Jahre die theoretische Gesamtlebensdauer von Wohnhäusern. Diese Einschätzung hat früher gängige Werte in Höhe von 80 bis 100 Jahren abgelöst. Auch wenn es ältere Häuser gibt, sie müssen saniert und modernisiert werden. Wenn das Gebäude bereits älter als 70 Jahre ist, wird von dem Gutachter eingeschätzt, an welchem Punkt es sich aufgrund des Zustandes zum Zeitpunkt der Begutachtung befindet. Daraufhin wird ein fiktives Baujahr festgelegt und damit auch die Restnutzungsdauer und die Alterswertminderung.

Für den Wertansatz wird als Basis die BGF genommen und mit den Normalherstellungskosten (NHK) pro Quadratmeter multipliziert. Das sind die Kosten, die anfallen würden, wenn das Haus am Tag der Bewertung neu gebaut würde.

BGF x Normalherstellungskosten = Neuwert des Hauses

Hinzugerechnet werden für bauliche Außenanlagen in der Regel pauschal 5% des obigen Wertes. Daraus ergeben sich die Herstellungskosten.
Bei einem älteren Haus mit wirklichem oder fiktivem Baujahr z.B. 1980 wird davon die Altersminderung abgezogen:

2017 – 1980 = 37 Jahre

Aktuelle Alterswertminderung bei 70 Jahren Lebensdauer, linear 52,90 %

Mögliche Sanierungen, die in den vorangegangen Jahren vorgenommen wurden, sind bereits berücksichtigt.
Hinzugerechnet wird der Zeitwert von Einbauten und Nebengebäuden:

- Gartenhäuser
- Carport
- Küchen
- Kamine

Das Ergebnis ist der Wert der baulichen Anlagen. Die Summe aus Bau- und Bodenwert ergibt den Sachwert der Immobilie.

Doch das ist noch nicht alles. Nun kommt es zu einer Berücksichtigung der Lage auf dem Grundstücksmarkt. Boomt die Gegend in der sich die Immobilie befindet oder handelt es sich um ein „Wegzugsgebiet“? Gemäß § 8 Abs. 2 ImmoWertV sind die allgemeinen Verhältnisse auf dem Grundstücksmarkt durch marktgerechte Zu- bzw. Abschläge zu würdigen. Steht Ihre Wunschimmobilie in einem Feriengebiet, führt das in der Regel zu einem Zuschlag. Der Ansatz ist also noch etwas höher als der reine Sachwert.
Der gleiche Paragraph der Verordnung regelt die Berücksichtigung der sogenannten besonderen objektspezifischen Merkmale. Ein überdurchschnittlicher Erhaltungszustand führt zu einem Zuschlag, mögliche Baumängel oder -schäden führen zu einem Abschlag.

Schließlich kommen bei der Übernahme eines etablierten Ferienhauses, wie Sie bereits wissen, noch der Wert der Einrichtung sowie der Ausstattung außerdem das Marketing und das Stammgästepotenzial – quasi der Firmenwert hinzu.

7.2 Ertragswertgutachten

Auch bei der Ermittlung nach dem Ertragswertverfahren werden Gebäude und Grundstück zuerst getrennt betrachtet. Der Bodenwert wird auch bei diesem Gutachten über das Vergleichswertverfahren ermittelt. Eine Alternative dazu ist die Multiplikation der Grundstücksgröße mit dem Bodenrichtwert. Dieser gibt den durchschnittlichen Wert des Grund und Bodens eines Grundstücks bezogen auf 1m² Grundstücksfläche in der jeweiligen Lage an. Dafür gibt es für zahlreiche Regionen veröffentlichte Tabellen.

Das Ertragswertverfahren wird insbesondere dann eingesetzt, wenn die Ertragserzielung das entscheidende Kriterium für das Immobilieninvestment ist, bzw. wenn die Immobilie am Markt vermietet wird (§§ 17 bis 20 ImmoWertV). Darunter fällt auch die Urlaubern überlassene Ferienimmobilie. Es soll ermittelt werden, wieviel der Käufer mit dem Betrieb, also in diesem Fall dem Domizil, erwirtschaften kann.
Da die Erträge bei der Vermietung an wechselnde Gäste Schwankungen unterworfen sind, gehen Sie an dieser Stelle von Durchschnittswerten aus. Dafür sollten Ihnen die Umsätze oder Belegungsdaten der letzten drei bis fünf Jahre vorliegen, aus denen Sie dann den Umsatz errechnen können.

Liegt der Umsatz in der Regel über 22.000 Euro, was bei einem Doppelhaus bzw. mehr als einer Wohneinheit leicht der Fall sein kann, reduzieren Sie den Umsatz um 7% Mehrwertsteuer. Des Weiteren werden 25 bis 30 % für Betriebskosten, Energie und Personalkosten abgezogen. Das ist individuell unterschiedlich und z.B. abhängig von der energetischen Situation des Hauses.
Übrig bleibt der Rohertrag, aus dem Sie auch die Rohmiete pro Quadratmeter berechnen können.

Um den Ertragswert zu ermitteln, wird mit dem Rohertrag weitergerechnet. Dieser wird im nächsten Schritt um die Bewirtschaftungskosten reduziert. Hierfür setzt der Gutachter Durchschnittswerte an:

- für Instandhaltung 12 Euro pro Quadratmeter
- für die Verwaltung der Vermögensverwaltung 300 Euro pro Jahr
- für das Mietausfallwagnis 4% vom Rohertrag

Im nächsten Schritt wird der Bodenwert betrachtet und seine Verzinsung – derzeit mit 4% – abgezogen.
Als Ergebnis erhalten Sie den Gebäudereinertrag. Dieser wird nun noch mit dem Barwertfaktor der Restnutzungsdauer – hier 33

Jahre (vgl. Beispielberechnung oben) – und 4% Liegenschaftszins multipliziert und mit dem Bodenwert addiert:

Gebäudereinertrag x Barwertfaktor + Bodenwert = Ertragswert

Diesen Ertrag wird die Ferienimmobilie über die Restnutzungsdauer von 33 Jahren erbringen.

Beispiel für die Berechnung eines Ertragswertes

Eckdaten: Doppelhaus mit 200qm Wohnfläche, der Wert des Grundstücks beträgt 120.000 Euro

Im ersten Schritt wird der durchschnittliche Umsatz um die Umsatzsteuer bereinigt:

Doppelhaus Umsatz pro Jahr	30.000,00 €
abzgl. 7% Umsatzsteuer	1.962,62 €
Netto-Umsatz	28.037,38 €

Im Anschluss werden die Betriebs-, Energie- und Personalkosten abgezogen und der Rohertrag ermittelt:

abzgl. 25% für Betriebs-, Energie- und Personalkosten	7.009,35 €
Rohertrag	21.028,04 €

Im nächsten Schritt werden die durchschnittlichen Bewirtschaftungskosten und die Verzinsung des Bodenwertes abgezogen:

abzgl. Instandhaltung: 200qm Wohnfläche á 12 Euro	2.400,00 €
abzgl. Verwaltung: 300 Euro pauschal	300,00 €
abzgl. 4% Mietausfallwagnis vom Rohertrag	841,12 €
abzgl. 4% Verzinsung Auf den Bodenwert	4.800,00 €
Ergebnis Gebäudereinertrag	12.686,92 €

Im letzten Schritt wird der Ertragswert ermittelt:
Gebäudereinertrag x Barwertfaktor + Bodenwert = Ertragswert

Der Barwert beträgt bei einer Restnutzungsdauer von 33 Jahren und einem Liegenschaftszins in Höhe von 4% = 18,15. Sie finden unter den Stichworten Barwertfaktor oder Ertragswert-Vervielfältigertabelle die entsprechenden Werte im Internet.

Gebäudereinertrag	12.686,92 €
x 18,15 =	230.267,60 €
+ Bodenwert	120.000,00 €
Ergebnis Ertragswert	350.267,60 €

Das Ergebnis ist der Ertragswert ohne Berücksichtigung baulicher Mängel oder Schäden.

Kompakte Zusammenfassung

Gutachter beauftragen	Die Beauftragung eines Gutachters bringt Klarheit, ob die Preisvorstellung des Verkäufer eine realistische Größenordnung aufweist.
	Für eine Ferienimmobilie gibt es zwei Alternativen für den Wertansatz: Sie können sowohl den Sach- als auch den Ertragswert ermitteln lassen.
	Für das Sachwertgutachten werden Bau- und Bodenwert separat ermittelt. Der Bauwert umfasst Gebäude, Außenanlagen und ggf. besondere Einrichtungen, der Bodenwert das Grundstück.
	Für der Ertragswert wird ermittelt, welche Einnahmen abzüglich Kosten Sie erwirtschaften können. Auch hierbei wird der Bodenwert separat betrachtet.

Nicht alle Banken und Sparkassen finanzieren Ferienhausprojekte. Auch der Anteil an Eigenkapital, den Sie in Ihre Finanzierung einbringen müssen, variiert mit der Auswahl des Kreditinstituts.
Verzagen Sie nicht, wenn es nicht gleich bei der ersten Anfrage zu einer Finanzierungszusage kommt. Selbst bei Ihrer Hausbank, die Sie seit Jahren kennt, kann es zu einer Ablehnung kommen, obwohl Sie positive Voraussetzungen haben.
Nach meiner Erfahrung ist Ihr Erfolg maßgeblich von dem Ansprechpartner abhängig – und natürlich müssen Ihre Unterlagen einwandfrei und Sie selbst gut vorbereitet sein.

Im nächsten Band dieser Reihe wird ausführlich beschrieben wie eine Wirtschaftlichkeitsberechnung für Ihr Ferienhausprojekt aussieht. Anhand von verschiedenen Beispielen können Sie die Vorgehensweise nachvollziehen und Ihrem eigenen Business-Plan aufstellen. Dafür benötigen Sie zusätzlich zu dem bereits ermittelten Finanzierungsbedarf eine Abschätzung der Einnahmeseite. Die Bank möchte natürlich wissen, ob und wie Sie in der Lage sind, die monatlichen Raten zu bezahlen und den Kredit zu tilgen. Weiterhin wird geklärt, welche Unterlagen Sie zusätzlich brauchen und wie Sie sie präsentieren.

Lassen Sie sich auf keinen Fall entmutigen, wenn Sie nicht sofort einen Partner für Ihre Finanzierung finden. Ich habe selbst erlebt, dass die Ansprechpartner bei den Banken und Sparkassen die Sachverhalte ganz unterschiedlich bewerten. Wo einer ein zusätzliches Risiko sieht, versteht der Andere es als zusätzliche Sicherheit, beispielsweise bei einer weiteren Wohneinheit, die auch vermietet werden soll.
Wichtig ist ganz einfach, dass Sie selbst von der Immobilie und Ihrem Projekt begeistert sind und einen schlüssigen Plan vorlegen.

Nur wenn Sie selbst brennen, können Sie bei anderen ein Feuer entfachen. Das gilt für die Finanzierung genauso wie für die Vermarktung.
Wenn eine Bank die Finanzierung Ihres Projektes ablehnt, überprüfen Sie Ihre Unterlagen und gehen zu der Nächsten. Wenn Ihr Plan schlüssig ist, werden Sie eine Finanzierung für Ihr Ferienhaus bekommen.
Auch bei einer Zusage ist es empfehlenswert, sich ein Vergleichsangebot einzuholen. Nehmen Sie den Kredit – neben dem guten Zinssatz – dort in Anspruch, wo Sie sich gut beraten und betreut fühlen. Wenn Ihr Berater und Sie den gleichen Denkansatz verfolgen, wird er Ihnen auch partnerschaftlich zur Seite stehen, wenn es irgendwelche Schwierigkeiten gibt.
Nach der Unterschrift der Verträge und der Auszahlung der Darlehen haben Sie in der Regel nicht mehr viel Kontakt zu diesem Fachmann. Lediglich die Raten werden über Jahre abgebucht. Erst wenn Ihre Zinsbindung ausläuft und Sie zur Nachverhandlung gehen, sehen Sie ihn wieder.
Nach meiner Erfahrung ist vieles einfacher, wenn man mit dem Berater eine Beziehung aufbaut. Dabei reicht es aus, sich einmal im Jahr zu treffen und über den Gang der Geschäfte und Allgemeines zu plaudern. Nach und nach können diese Gespräche auch persönlichere Inhalte aufweisen. Das ergibt sich automatisch, wenn eine Wellenlänge vorhanden ist. Eine Möglichkeit für den Start eines regelmäßigen Kontaktes ist, bei der gleichen Bank ein Mietekonto einzurichten. Von diesem werden dann auch die Raten für das Darlehen abgebucht.

Vertragliche Details wie Laufzeiten, Zinsbindungen, Sondertilgungen und verschiedene Vertragsmodelle mit konkreten Rechenbeispielen sind ebenfalls Bestandteil von Band 2.

Mein Tipp
Sie haben über das Internet sehr gute Möglichkeiten sich vorab zu informieren. Es gibt sogenannte Kreditrechner, in die Sie die Faktoren Laufzeit, Zinsbindung, Zinssatz, Finanzierungssumme und Rate in unterschiedlichen Kombinationen eingeben können. Dadurch haben Sie bereits einen Eindruck über die Größenordnung von Rate und Kreditsumme.
Schauen Sie auch dafür unter www.zinsen-berechnen.de.

Die richtige Bank finden	Nicht alle Kreditinstitute finanzieren Ferienhausprojekte und auch der Anteil des notwendigen Eigenkapitals schwankt.
	Möglicherweise erhalten Sie im ersten Anlauf eine Absage. Lassen Sie sich nicht entmutigen. Die nächste Bank oder Sparkasse kann Ihr Konzept und Ihre Zahlen ganz anders bewerten.
	Es ist sinnvoll, sich mindestens zwei Vergleichsangebote von verschiedenen Banken machen zu lassen. Entscheiden Sie nach dem besten Angebot. Dies umfasst auch die Beratungsleistung und Präsenz des Ansprechpartners. Er begleitet Sie über einen langen Zeitraum.

9 Reservierung, Notar und Kaufvertrag

Irgendwann ist es dann soweit. Vielleicht mussten Sie lange suchen, vielleicht haben Sie sich schnell in ein Haus verliebt und wussten „Das ist es!". Zwischen der eigenen Entscheidung, der Zusage der Bank, genau dieses Haus zu finanzieren und dem Gang zum Notar, vergehen dann in der Regel noch ein paar Wochen. Der Vertrag wird aufgesetzt und beiden Parteien vorab vorgelegt.

9.1 Verbindliche Reservierung

Im ungünstigen Fall hält sich eine Partei nicht an die mündliche Vereinbarung. Da das Feriendomizil Ihrer Wahl mit einer hohen Wahrscheinlichkeit nicht in Ihrer Nachbarschaft liegt, Sie also Kosten für Fahrten und Übernachtungen haben, empfehle ich Ihnen, eine schriftliche Reservierung zu unterzeichnen. Damit wird die Vorvereinbarung für beide Parteien verbindlich. Werten Sie sie nicht als Misstrauen, sondern als Mittel für Ihre Planungssicherheit. Wenn der Verkäufer sein Angebot ernst meint, wird es so einen Vertrag begrüßen.

Sie können festlegen, dass die von der Reservierung Abstand nehmende Partei, die bis dahin angefallenen Notarkosten bezahlt und den Vertragspartner entschädigt – je nach Wert des Hauses und Ihren eingesetzten Reisekosten z.B. 5.000 Euro. Diese Entschädigung sollte mit einer Frist von vierzehn Tagen ab Rücktrittszeitpunkt gezahlt werden.

Die Vereinbarung kann wie folgt aussehen:

Vereinbarung

zum Verkauf/Kauf des Grundbesitzes Ferienhausgasse 123 in x1236 Küstendorf

Flurstück x12x3 in der Gemarkung Küstendorf bebaut mit einem Ferienhaus

zwischen

Klara Ferientraum als Verkäufer

und

Max Anders als Käufer.

Die Parteien einigen sich auf einen Kaufpreis von xx0.000,- €.

Als Übergabetermin wurde der 01. September 2020 festgelegt.

Die notarielle Beurkundung wird durch den Notar Dr. Thomas Knolle in Küstenstadt durchgeführt – voraussichtlicher Termin: 24. Juli 2020.

e

Die Parteien vereinbaren für den Fall, dass eine Partei vom Kauf bzw. Verkauf Abstand nimmt folgende Regelung:

1. Die zurücktretende Partei zahlt die bis dato anfallenden Notarkosten.
2. Die zurücktretende Partei zahlt an die Vertragspartner eine Entschädigung in Höhe von 5.000,- €. Diese ist binnen 14 Tagen nach Rücktritt fällig.

Ort, Datum — Klara Ferientraum

Ort, Datum — Max Anders

Abb. 3: Vorvereinbarung für Immobilienkauf

9.2 Notar auswählen

In der Regel sucht der Verkäufer des Hauses oder der Wohnung den Notar aus, dessen Sitz sich in der Nähe der Immobilie befindet. Letztendlich ist es in Deutschland gleichgültig zu welchem Notar Sie gehen, da er neutral ist und die Interessen beider Vertragsparteien gleichermaßen vertritt. Auch die Gebühren sind gesetzlich festgelegt und in allen Bundesländern gleich hoch. Sie belaufen sich bei der Beurkundung eines Kaufvertrags und den Eintrag in das Grundbuch auf 1,5 bis 2% des Kaufpreises der Immobilie samt Grundstück. Der genaue Prozentsatz ergibt sich durch die exakten Leistungen. Der Notar rechnet nach Gebührentabelle ab.

Der Verkäufer übermittelt dem Notar alle Daten für den Vertrag. Die Angaben zur Immobilie umfassen einen aktuellen Auszug aus dem Grundbuch als Nachweis, dass der Anbieter zum Verkauf berechtigt ist. Im Grundbuch stehen mögliche Belastungen oder auch Wegerechte etc. Des Weiteren benötigt er die Angaben inclusive Ausweiskopie von allen Personen, die in den Kaufprozess involviert sind. Dabei kann es sowohl mehrere Eigentümer als auch mehrere Käufer geben. Der Kaufpreis und das voraussichtliche Datum der Übergabe komplettieren die Angaben.

Der Notar setzt den Kaufvertrag auf und sendet den Entwurf an beide Parteien, die ihn vorab prüfen. Wenn Verkäufer und Käufer einverstanden sind, wird ein Termin zur Unterzeichnung vereinbart. Dies ist insbesondere für den Käufer ein wirklich großer Moment. Außerdem leisten Sie eine folgenschwere Unterschrift.
Es gilt noch zu entscheiden, ob der Kaufpreis auf ein sogenanntes Anderkonto überwiesen werden soll. Das ist ein Konto des Notars, das extra für diesen Zweck eingerichtet wird. So bleibt der Geldeingang in der Kontrolle des Rechtshüters. Früher wurde ein Anderkonto sehr häufig eingesetzt. Mittlerweile wird der Kaufpreis häufig direkt an den Verkäufer überwiesen. Entscheiden Sie selbst, was Ihnen lieber und womit Sie sich wohl fühlen. Für die Einrichtung

des Anderkontos muss eine Gebühr entrichtet werden, ist aber im Gesamtbudget so eines Projektes zu vernachlässigen.

Ab dem Zeitpunkt der Unterzeichnung brauchen Sie sich um nichts selbst kümmern, was die Eigentumsumschreibung betrifft. Der Notar regelt alles im Hintergrund für Sie. Da der endgültige Eintrag in das Grundbuch eine Weile dauert, lässt der Rechtshüter eine Auflassung vornehmen. Das heißt Sie werden als Käufer vorgemerkt und das Grundbuch geblockt. Dadurch wird verhindert, dass der Eigentümer gleichzeitig mit mehreren Interessenten zu unterschiedlichen Notaren geht und das Objekt mehrfach verkauft.
Wie bereits in Kapitel 4 ausgeführt, erhalten Sie ca. einen Monat nach Unterzeichnung des Kaufvertrages vom Finanzamt der Gemeinde, in der das Haus steht, den Steuerbescheid über die Grunderwerbsteuer. Diese muss sofort gezahlt werden, damit die Unbedenklichkeitsbescheinigung erteilt wird. Ohne Zahlung dieser Steuer ist der Eintrag in das Grundbuch nicht möglich.
Natürlich wird das Haus nur dann übergeben, wenn der Kaufpreis gezahlt wurde.

Mein Tipp
Sorgen Sie dafür, dass Ihre Bank den Betrag rechtzeitig anweist. Leider arbeiten die Kreditinstitute gern so lange wie möglich mit dem Geld. Mir ist es selbst schon passiert, dass der Kaufpreis nicht rechtzeitig bei der Verkäuferin eingegangen ist. Ich hatte in unserem Fall den expliziten Auftrag gegeben, den Betrag zwei Tage vor Übergabe anzuweisen, um den Termin der Übergabe auf jeden Fall eingehalten zu können. Leider hat das Institut das Geld zu spät angewiesen, wodurch die ursprüngliche Übergabe am Vormittag platzte. Nach langen Telefonaten und großer Aufregung hat

es dann für den Nachmittag doch noch geklappt. Ich habe es gegenüber der Verkäuferin als sehr unangenehm empfunden.

Wenn alle Voraussetzungen erfüllt sind, reicht der Notar schließlich den Antrag auf Eigentumsumschreibung beim Grundbuchamt ein.

9.3 Grundbuchauszug

Bevor exemplarisch gezeigt werden soll, wie ein Kaufvertrag aussieht und welche Rechte und Pflichten damit verbunden sind, wird ein Blick in das Grundbuch geworfen, da auch der Grundbuchauszug Bestandteil des Kaufvertrages ist. Insbesondere wird geklärt, was es mit Belastungen und den Abteilungen auf sich hat.
Das Grundbuch wird von dem zuständigen Amtsgericht der Region verwaltet. Es setzt sich aus dem Bestandsverzeichnis und den sogenannten Abteilungen zusammen.
Im Bestandverzeichnis finden Sie Angaben über die genaue Bezeichnung und Größe des Grundstücks. Es umfasst die Gemarkung, das heißt den Vermessungsbezirk, die Flur, das Flurstück und die Wirtschaftsart und Lage. Eine Flurkarte zeigt die genaue Abmessung des Grundstücks.

In der ersten Abteilung werden die Eigentumsverhältnisse festgehalten, es werden der Eigentümer und die Grundlage seiner Eintragung vermerkt. Dies können Kauf, Erbfolge oder Zuschlagsbeschluss im Versteigerungsverfahren sein. Ebenso wird eingetragen, wann der Eigentumswechsel stattgefunden hat. Dies sieht wie folgt aus:

Amtsgericht Küstenstadt
Grundbuch Küstendorf Blatt x
Erste Abteilung

Lfd. Nummer der Eintragung	Eigentümer/ Eigentümerin	Lfd. Nr. der Grundstücke im Bestandsverzeichnis	Grundlage der Eintragung
1	2	3	4
1	Klara Ferientraum	1	Kauf eingetragen am...

Abb. 4: Erste Abteilung des Grundbuchs

In der zweiten Abteilung werden Lasten und Beschränkungen des Grundstücks vermerkt, mit Ausnahme des Grundpfandrechts, das in der dritten Abteilung eingetragen wird. Zu den Lasten gehören Reallasten, Vorkaufsrechte, Nießbrauch oder das Erbbaurecht. Beschränkungen umfassen beispielsweise Zwangsversteigerungs- bzw. Insolvenzvermerke. Das heißt konkret: Abteilung II gibt Auskunft, ob neben dem Eigentümer noch andere Personen Rechte an dem Grundstück besitzen.

Für die Lasten bedeutet das im Einzelnen:

Grunddienstbarkeit
Das Nutzungsrecht kann mit einer Baubeschränkung belegt sein. Auf dem Grundstück darf in so einem Fall kein Mehrfamilienhaus gebaut werden.

Geh–, Fahr– oder Leitungsrechte
Hat der Nachbar keinen eigenen Zugang zur Straße oder zum öffentlichen Leitungsnetz (Strom, Abwasser), kann er sich dieses Recht im Grundbuch sichern. Dafür muss das Einverständnis des Eigentümers vorliegen.

Dauerwohn- und Dauernutzungsrecht
Wenn Eltern bereits zu Lebzeiten Ihren Kindern Haus und Grundstück überschreiben, aber weiterhin in dem Haus wohnen wollen, können sie sich ein Dauerwohnrecht im Grundbuch eintragen lassen. Das Recht kann nur mit ihrer Zustimmung wieder gelöscht werden. Es wird durch den Verkauf des Hauses nicht aufgehoben!

Nießbrauch
Der Nießnutzer ist wirtschaftlicher Eigentümer des gesamten Objekts. Er hat das Nutzungsrecht an fremdem Vermögen. Er kann das Haus vermieten und hat ein Recht auf alle Mieteinnahmen, darf es aber nicht verkaufen oder mit Schulden belasten.

Reallast
Die Eltern übergeben den Kindern Haus und Hof. Im Gegenzuge zahlen die Kinder ihren Eltern regelmäßig eine Rente. Auch diese Last kann im Grundbuch eingetragen werden.

Vorkaufsrechte (Auflassungsvormerkung)
Der Kaufinteressent sichert sich das Kaufrecht. Diese bereits erwähnte Sicherheit wird ebenfalls bis zur endgültigen Umschreibung des Grundbuches auf den neuen Eigentümer in der Abteilung II eingetragen.

Sollen die Lasten, die oft an Personen gebunden sind, aus dem Grundbuch gelöscht werden, müssen alle Betroffenen zustimmen.

Amtsgericht Küstenstadt
Grundbuch Küstendorf Blatt x
Zweite Abteilung

Lfd. Nummer der Eintragung	Lfd. Nummer der betroffenen Grundstücke im Bestandsverzeichnis	Lasten und Beschränkungen
1	2	3
1	1	Die Elektrizitätswerke SH haben freien Zugang zu Leitungen, die über oder unter dem Grundstück verlaufen.

Zweite Abteilung

Veränderungen		Löschungen	
Lfd. Nr. der Spalte 1		Lfd. Nr. der Spalte 1	
4	5	6	7
		1	Gelöscht am ....

Abb. 5: Zweite Abteilung des Grundbuchs

In der dritten Abteilung des Grundbuches werden Grundpfandrechte eingetragen. Darunter fallen beispielsweise auch die Grundschulden, die entstehen, wenn Sie eine Baufinanzierung aufnehmen und das Objekt als Sicherheit eintragen. Neben der Grundschuld notiert die Abteilung III auch alles zur Hypothek und Rentenschuld einschließlich der sich auf diese Rechte beziehenden Vormerkungen, Widersprüche und Veränderungen.

Amtsgericht Küstenstadt
Grundbuch Küstendorf Blatt x
Dritte Abteilung

Lfd. Nummer der Eintragung	Lfd. Nr. der betroffenen Grundstücke im Bestandsverzeichnis	Betrag	Hypotheken, Grundschulden, Rentenschulden
1	2	3	4
1	1	160.000 EUR	Einhundertsechzigtausend Grundschuld für xy Bank Gemäß Bewilligung vom .... (Bezug auf Kaufvertrag bei Notar yz)
2	1	120.000 EUR	Einhundertzwanzigtausend Grundschuld für xy Bank Gemäß Bewilligung vom .... (Bezug auf Kaufvertrag bei Notar yz)

Abb. 6: Dritte Abteilung des Grundbuchs

Für einen Eintrag im Grundbuch werden Gebühren fällig, die nach der Kostenordnung (KostO) berechnet werden und vom Antragsteller zu entrichten sind. Der Berechnung wird dabei der Verkehrswert des jeweiligen Geschäfts zugrunde gelegt.

9.4 Kaufvertrag

Wenn Sie Ihren ersten Hauskauf planen, haben Sie vermutlich noch keinen Kaufvertrag für eine Immobilie gesehen. Dieses Kapitel zeigt exemplarisch, welche Positionen, Rechte und Pflichten der Vertrag beinhaltet. Dieses Muster erhebt keinen Anspruch auf Vollständigkeit und berücksichtigt keine Besonderheiten.

Nummer xyz der Urkundenrolle für 2020
Beglaubigte Abschrift

Verhandelt
Zu Küstenstadt, den 13. Juli 2020
Vor mir, dem unterzeichneten Notar yz
im Bezirk Küstenstadt

erschienen

1. *Frau Klara Ferientraum, geb. am*
   Adresse
   ausgewiesen durch Personalausweis Nr.
2. *Herrn Max Anders*
   Adresse
   ausgewiesen durch Personalausweis Nr.

Der Notar fragte die Urkundsbeteiligten danach, ob er oder ein Rechtsanwalt, mit dem er sich zur gemeinsamen Berufsausübung verbunden oder mit dem er gemeinsame Geschäftsräume hatte oder hat, in derselben Angelegenheit bereits tätig war oder ist. Dies wurde von den Erschienenen verneint. Die Beteiligten erklärten:
Wir schließen folgenden

Kaufvertrag

§ 1. Kaufgegenstand

1. Dem Notar lag ein Auszug des Grundbuchs vom 01. Juli 2020 vor. Die Beteiligten verzichten nach Belehrung über die damit verbundenen Gefahren auf eine erneute Grundbucheinsicht.
2. Im Grundbuch des Amtsgerichts SH ist die Erschienene Frau Klara Ferientraum als Alleineigentümer des Grundbesitzes Flurstück x12x3 in der Gemarkung Küstendorf eingetragen.
3. Das Grundbuch weist folgende Belastungen aus:
Abteilung II: Ohne Eintragungen
Abteilung III: Grundschuld 1 / Grundschuld 2
Die Parteien sind sich darüber einig, dass die Belastungen in Abteilung 3 von dem Käufer nicht übernommen werden.
4. Nach Angaben des Verkäufers können die Belastungen Abt. III lfd. Nr. 1 und 2 auflagenfrei gelöscht werden. Die durch die in Abt. III lfd.

Nr. 1 und 2 eingetragenen Belastungen gesicherten Verbindlichkeiten des Verkäufers soll aus dem Kaufpreis Zug um Zug gegen Löschung der Belastungen im Grundbuch abgelöst werden. Der Notar wird beauftragt, die Löschungsunterlagen einzuholen. Der Verkäufer beantragt bereits jetzt die Löschung der oben genannten Rechte

§ 2. Verkauf

Die Erschienene Klara Ferientraum
*–nachfolgend auch **"Verkäufer"** genannt –*
verkauft hiermit
an
den Erschienenen Max Anders
*–nachfolgend auch **"Käufer"** genannt –*
zum 01. September den vorbeschriebenen Grundbesitz mit allen damit zusammen hängenden Rechten und dem gesetzlichen Zubehör

§ 3. Kaufpreis

1. Der Kaufpreis beträgt xx0.000,–– Euro
Hiervon entfällt ein Teilbetrag in Höhe von 30.000,– Euro auf die mit verkauften beweglichen Sachen: zwei Einbauküchen.
Soweit der Kaufpreis nicht anderweitig zur Freistellung des verkauften Grundbesitzes von eingetragenen Belastungen zu verwenden ist, sind Zahlungen zu leisten auf das Konto des Verkäufers
Nr. / bei der xy Bank, BLZ.
2. Der Käufer unterwirft sich wegen seiner Pflicht, den Kaufpreis zu bezahlen, der sofortigen Zwangsvollstreckung aus dieser Urkunde.
3. Der Kaufpreis ist fällig am 31. August 2020.
a) Die Eigentumsvormerkung zugunsten des Käufers ist im Grundbuch eingetragen.
b) Dem Notar liegen alle Unterlagen vor, um den verkauften Grundbesitz von Rechten freizustellen, die im Grundbuch bereits vor oder gleichzeitig mit der Eigentumsvormerkung des Käufers eingetragen wurden und vom Käufer nicht übernommen werden. Diese Unterlagen liegen auflagenfrei vor oder unter Auflagen, zu deren Erfüllung der Kaufpreis ausreicht.

c) Das zur Eigentumsumschreibung erforderliche Vorkaufsrechtszeugnis der Gemeinde liegt dem Notar ohne Bedingungen und Auflagen vor.
d) Die Genehmigungen, die zur Wirksamkeit oder zur Durchführung des Vertrages erforderlich sind, liegen dem Notar ohne Bedingungen und Auflagen vor.
e) Der Kaufgegenstand ist vollständig geräumt. Dem Notar liegt eine übereinstimmende schriftliche Erklärung beider Vertragsparteien vor, die dieses bestätigt.
Die Unbedenklichkeitsbescheinigung wegen der zu zahlenden Grunderwerbsteuer ist nicht Voraussetzung für die Kaufpreisfälligkeit.
Der Notar soll den Beteiligten das Vorliegen der vorstehend vereinbarten Voraussetzungen und den Inhalt von Zahlungsauflagen durch einfachen Brief mitteilen.

§ 4. Übergang von Besitz, Nutzungen und Lasten

1. Mit dem Tag der voll ständigen Gutschrift des Kaufpreises geht der Besitz (damit auch Nutzungen, Lasten und Haftpflichtrisiko) auf den Käufer über.
2. Die Abrechnung von wiederkehrenden Lasten und Abgaben, die auf das Kaufgrundstück entfallen, wird zeitanteilig vorgenommen. Soweit Erschließungsbeiträge nach dem Baugesetzbuch oder dem Kommunalabgabenrecht in der Vergangenheit entstanden sind oder sein sollten, hat diese der Verkäufer zu tragen, soweit dem Verkäufer bis zum Tag des Besitzübergangs hierüber ein Bescheid erteilt wurde. Für danach erstellte Erschließungsanlagen trägt der Käufer die Erschließungskosten. Dasselbe gilt für die kommunalabgabenrechtliche Kostenerstattung bei Baugrundstücken sowie ggf. für die Kosten naturschutzrechtlicher Ausgleichsmaßnahmen. Der Notar riet den Beteiligten, sich den derzeitigen Ausbauzustand von der Gemeinde mitteilen zu lassen. Der Verkäufer versichert, dass er alle ihm bis heute zugegangenen Bescheide bezahlt hat. Soweit bereits Vorausleistungen geleistet wurden, sind diese auf die Beitragsschuld des Käufers anzurechnen.

Etwaige Erstattungsansprüche aufgrund aufgehobener Bescheide werden hiermit an den Käufer abgetreten. Der Käufer nimmt die Abtretung an. Die Beteiligten werden die Abtretung der Gemeinde selbst anzeigen.

§ 5. Umfang der Verkäuferpflichten

1. Der Verkäufer hat dem Käufer das Eigentum zu verschaffen und den Vertragsgegenstand unverzüglich freizustellen von im Grundbuch eingetragenen Belastungen und Beschränkungen, von Miet- und Pachtverhältnissen und von Rückständen öffentlicher Abgaben, soweit sie der Käufer nicht jeweils ausdrücklich in dieser Urkunde übernimmt. Die Beteiligten beantragen den Grundbuchvollzug aller dazu geeigneten Erklärungen.

2. Weitergehende Rechte des Käufers wegen offener oder verborgener Mängel werden ausgeschlossen, gleichgültig, ob solche bereits vorhanden sind oder bis zum Besitzübergang entstehen. Dies gilt insbesondere für Flächenmaß, Beschaffenheit, Verwendbarkeit und Ertrag. Bei schuldhafter Verletzung von Leben, Körper oder Gesundheit sowie ansonsten bei grobem Verschulden gelten aber die gesetzlichen Mängelrechte. Die Gefahr von Brandschäden, Wasserschäden und Elementarschäden bleibt jedoch bis zum

Besitzübergang beim Verkäufer. Bis dahin ist der Verkäufer verpflichtet, den Vertragsgegenstand ordnungsgemäß zu verwalten und zu versichern.

§ 6. Vollmacht des Notars und der Mitarbeiter

1. Die Beteiligten erteilen dem Notar Vollmacht, Negativzeugnisse wegen gesetzlicher Vorkaufsrechte zu besorgen, sie im Grundbuchverfahren uneingeschränkt zu vertreten und die zur Wirksamkeit oder zum Vollzug dieser Urkunde erforderlichen Erklärungen und Genehmigungen einzuholen und entgegenzunehmen.

Anfechtbare Bescheide sind aber den Beteiligten selbst zuzustellen.

2. Der Notar ist berechtigt, Anträge aus dieser Urkunde getrennt und eingeschränkt zu stellen und sie in gleicher Weise zurückzunehmen.

Die Beteiligten bevollmächtigen den Notar, soweit erforderlich, Bewilligungen und Anträge gegenüber dem Grundbuchamt zu ändern und zu ergänzen, überhaupt alles zu tun, was verfahrensrechtlich zur Durchführung des Vertrages erforderlich sein sollte. Die Vollmacht erlischt mit der vollständigen grundbuchlichen Abwicklung. Ein Widerruf der Vollmacht ist ausgeschlossen. Unterbevollmächtigung wird gestattet.
3. Die Erschienenen bevollmächtigen die bei dem Notar tätige
a) Rechtsanwalts- und Notarfachangestellte Silke Clausen,
b) Rechtsanwalts- und Notarfachangestellte Susanne Norden,
beide dienstansässig Küstengasse, Küstenstadt,
und zwar jede einzeln und unter Befreiung von den Beschränkungen des
§ 181 BGB, alle zum Vollzug dieser Urkunde etwa noch erforderlich werdenden Erklärungen abzugeben und alle sich aus dieser Niederschrift ergebenden Anträge zu stellen, zu ändern, zu ergänzen oder zurückzunehmen, soweit dies zur Durchführung dieses Vertrages erforderlich ist.
Von dieser Vollmacht kann nur vor dem beurkundenden Notar bzw. seinem Vertreter im Amt Gebrauch gemacht werden.

§ 7. Belehrungen

Der Notar hat die Beteiligten insbesondere über folgendes belehrt:
1. Alle Vereinbarungen, auch Nebenabreden, müssen richtig und vollständig beurkundet sein. Nicht beurkundete Vereinbarungen sind nichtig und können zur Unwirksamkeit des ganzen Vertrags führen.
2. Am Vertragsgegenstand können Lasten und Beschränkungen bestehen, die aus dem Grundbuch nicht ersichtlich sind, insbesondere Baulasten. Der jeweilige Eigentümer haftet unabhängig von vertraglichen Vereinbarungen für Erschließungsbeiträge und öffentliche Abgaben.
3. Der Käufer wird erst Eigentümer, wenn der Eigentumsübergang im Grundbuch eingetragen ist. Hierzu müssen die Unbedenklichkeitsbescheinigung des Finanzamts, alle erforderlichen Genehmigungen und ein Vorkaufsrechtszeugnis der Gemeinde vorliegen.

4. Eine steuerliche Beratung vor Abschluss des Kaufvertrags ist empfehlenswert. Der Notar hat eine solche nicht übernommen.
5. Mit diesem Vertrag können Gefahren verbunden sein, und zwar
a) für den Verkäufer, wenn er dem Käufer Eigentum, sonstige Grundbucheintragungen oder Besitz einräumt, bevor der Käufer seine Vertragspflichten erfüllt oder abgesichert hat,
b) für den Käufer, wenn er Zahlungen leistet oder Aufwendungen macht, bevor im Grundbuch für ihn eine Vormerkung eingetragen ist, alle Genehmigungen und das Vorkaufsrechtszeugnis der Gemeinde vorliegen sowie die Lastenfreistellung gesichert ist.
Die Beteiligten vereinbaren keine über den Vertragsinhalt hinausgehenden Vorkehrungen gegen solche Gefahren, insbesondere keine Zahlungs-abwicklung über Notaranderkonto.

§ 8. Kosten

Kosten dieses Vertrags und seiner Durchführung trägt der Käufer. Gleiches gilt für die zur Entstehung gelangende Grunderwerbssteuer. Die Kosten zur Lastenfreistellung trägt der Verkäufer.

§ 9. Maklerprovision

Die Vertragsparteien erkennen an, dass dieser Vertrag auf Vermittlung der Firma Makler abc, Adresse zustande gekommen ist.
Demgemäß verpflichtet sich der Käufer, im Rahmen eines echten Vertrages zugunsten Dritter an die Firma Makler abc eine Vermittlungsprovision in Höhe von 6,25% des Kaufpreises zu zahlen. Die MwSt. ist darin bereits enthalten. Die Maklerprovision ist fällig mit Abschluss dieses Vertrages.

§ 10. Zustimmung des Ehegatten

Die Verkäuferin erklärt, dass Sie im Güterstand der Gütertrennung lebt.

§ 11. Ausfertigungen und Abschriften

Von dieser Urkunde erhalten:
1. Ausfertigungen:
jeder Vertragsteil nach Eigentumsumschreibung,

2. beglaubigte Abschrift:
das Grundbuchamt zunächst im Auszug ohne die Anlage,
3. einfache Abschriften:
jeder Vertragsteil,
die Grunderwerbsteuerstelle des Finanzamts,
das Katasteramt zur Kaufpreissammlung,
der Finanzierungsgläubiger des Käufers.
Vorstehendes Protokoll nebst Anlage wurde den Erschienenen in Gegenwart des Notars vorgelesen, von ihnen genehmigt und eigenhändig wie folgt unterschrieben:
Unterschriften Verkäufer, Käufer, Notar

***

9.5 Übergabe

Der Umfang der Übergabe des Hauses ist abhängig von der Größe des Objektes und dem Goodwill des Verkäufers. Wichtig ist Ablesung der Zählerstände und der Eintrag in ein Protokoll. In alten Häusern gibt es oftmals bauliche Besonderheiten, die Ihnen der Verkäufer erklären sollte. Fragen Sie beispielsweise nach dem Ort des Hauptwasserhahns.
Die vollzogene Übergabe melden Sie an den Notar. In der Regel übernimmt das der Verkäufer.

Übergabeprotokoll

Übergabe am 01. September 2020 um 12 Uhr

des Hauses Ferienhausgasse 123 in x1236 Küstendorf

Flurstück x12x3 in der Gemarkung Küstendorf bebaut mit einem Ferienhaus

Verkäufer: Klara Ferientraum

Käufer: Max Anders

Das vorgenannte Objekt wurde am heutigen Tage vertragsgemäß an den Käufer übergeben. Hierbei wurden dem Käufer sämtliche zum Kaufobjekt gehörende Schlüssel ausgehändigt. Die Zählerstände wurden gemeinsam abgelesen.

Strom-Zähler-Nr. ....Zählerstand...

Gas-Zähler-Nr. ....Zählerstand..

Wasser-Zähler-Nr...Zählerstand..

Anmerkungen / Besonderheiten:

....

Küstendorf, 01. September 2020 Max Anders

....

Küstendorf, 01. September 2020 Klara Ferientraum

Abb. 7: Übergabeprotokoll

Reservierung, Notar und Kaufvertrag	Für die Phase zwischen mündlicher Einigung und Unterzeichnung des Kaufvertrages lohnt es sich eine schriftliche Vereinbarung zu unterschreiben, die Sie im Falle eines Rückziehers seitens des Verkäufers entschädigt.
	Die Auswahl des Notars trifft meist der Verkäufer in der Nähe der Immobilie. Letztendlich ist dies zweitrangig, da die Notare unabhängig und neutral sind und die Interessen beider Parteien wahren. Sie rechnen nach Gebührentabelle ab.
	Im Grundbuch, das vom zuständigen Amtsgericht geführt wird besteht aus Bestandsverzeichnis und den drei Abteilungen. In die Abteilungen werden Eigentumsverhältnisse und Lasten eingetragen.
	Der Kaufvertrag umfasst neben den Personalien der Immobilie und des Verkäufers und Käufers alle Vereinbarungen über Rechte und Pflichten der Vertragsparteien. Er ist die Basis für den Grundbucheintrag, um den sich der Notar kümmert.

10 Rechtliches für den Start

10.1 Genehmigungen

Alte Häuser haben meist schon einige Male den Eigentümer gewechselt. Nicht selten kommt es vor, dass ein Dachausbau nachträglich vorgenommen wird – manchmal aus Unwissenheit ohne Genehmigung. Wenn Sie solch ein Haus kaufen, können hohe Folgekosten entstehen.

Meine Erfahrung aus der Praxis:
Mit der folgenden Herausforderung wurde ein Paar konfrontiert, das in ein Doppelhaus aus dem 19. Jahrhundert investiert hatte. Sie vermieteten bereits über 10 Jahre sehr erfolgreich. Das Haus befand sich zu Beginn der Ereignisse in überwiegend sanierten Zustand, die meisten Gäste waren sehr zufrieden, es gab eine Menge Wiederkehrer und Stammgäste.
Im Sommer hatte es einen sehr unzufriedenen Gast gegeben, doch das schien geregelt und erledigt zu sein. Im darauffolgenden Herbst erhielt das Paar jedoch ein Schreiben von der zuständigen Baubehörde mit dem Wunsch einer Ortsbegehung. Der Gast hatte diverse Mängel gemeldet, diese sollten überprüft werden.
Bei dieser Besichtigung stellte sich heraus, dass der Großteil der vorgetragenen Mängel jeglicher Grundlage entbehrte, der Gast hatte gelogen. Ein paar Kleinigkeiten konnten mit geringem Aufwand nachgebessert werden. Doch die Erleichterung der Eigentümer war lediglich von kurzer Dauer. Sie wurden über das Fehlen jeglicher Unterlagen für

das Haus informiert. Das ist bei einem Haus, das schätzungsweise zwischen 1850 und 1875 errichtet wurde, nicht ungewöhnlich. Doch bei Häusern, die zu dieser Zeit gebaut wurden, war die Hälfte in der Regel Wirtschaftsgebäude bzw. Stall. Sowohl für die zweite Haushälfte als auch für die Dachgeschosse gab es keine Baugenehmigung und die Treppen nach oben erfüllten nicht die Normen, die für die Vermietung ausreichend Sicherheit boten. Dies ist weit verbreitet, doch hier wurde die Überprüfung angestoßen.

Die Vermietung wurde unter Androhung eines Zwangsgeldes in Höhe von 3.000 Euro bis auf Weiteres untersagt. Das Paar musste mit Hilfe eines Architekten einen Bauantrag auf Nutzungsänderung der zweiten Wohneinheit und Nachgenehmigung der Dachausbauten stellen. Außerdem war der Einbau von zwei neuen Treppen notwendig. Diese Baumaßnahme zog relativ große Kreise, es mussten Wände und Türen versetzt werden, um ausreichend Platz für größere Treppen zu schaffen. Insgesamt fielen Kosten in Höhe von 30.000 Euro an.

Das Paar hatte sich beim Kauf keinerlei Dokumente vorlegen lassen. Das Haus wurde bereits als Ferienhaus genutzt, auch die Dachgeschosse waren fertiggestellt.

Doch hier gibt es kein Gewohnheitsrecht! Wenn Ihnen das Bauamt die Nutzungsänderung nicht bewilligt, können Sie nicht weiter vermieten.

Es gab ein positives Ende, denn in diesem Fall wurden die Vermietung an Feriengäste und die Dachausbauten nachgenehmigt.

Meine dringende Empfehlung
Lassen Sie sich vor Unterzeichnung des Kaufvertrages alle Baugenehmigungen vorlegen und informieren Sie sich über die Normen von Treppen. Bitte schauen Sie dafür in die Bauordnung Ihres Landes, fragen Sie einen Architekten bzw. Sachverständigen.
Es kann Ausnahmegenehmigungen geben. Fragen Sie bei der zuständigen Behörde nach, ob eine Nutzung als Ferienhaus möglich ist. Wenn der Makler dieses zusagt, lassen Sie es sich schriftlich geben!

10.1.1 Baugenehmigung

Wenn Sie ein relativ neues Haus kaufen, gibt es mit großer Wahrscheinlichkeit vollständige Unterlagen in Form von Baugenehmigungen, Grundrissen und Schnittzeichnungen. Je älter die Immobilie ist, desto häufiger kommt es vor, dass gar keine Unterlagen vorliegen. Immobilien, die im 18. oder 19. Jahrhundert gebaut wurden, folgten noch anderen Gesetzmäßigkeiten. Dies ist unkritisch, wenn Sie selbst einziehen. Für eine vermietete Immobilie gelten strengere Auflagen. Das betrifft nicht nur die Immobilie selbst, sondern auch Dachausbauten und Treppen.
Bei älteren Immobilien sind die Dachgeschosse oftmals nachträglich ausgebaut worden. Diese Maßnahmen sind genehmigungspflichtig. Der Bauherr ist verpflichtet, eine Baugenehmigung einzuholen. Vermutlich gibt es unterschiedliche Gründe, warum dies nicht immer eingehalten wurde: Unwissenheit, Ignoranz, das Geld sparen wollen.

Wenn Sie eine Immobilie erwerben, die einen „wilden Dachausbau“ hat, empfehle ich Ihnen, diesen vor Vermietungsbeginn nachgenehmigen zu lassen. Eine Vorabanfrage beim Bauamt kann Klarheit bringen, welche Unterlagen vorhanden sind und ob eine Nachgenehmigung problematisch werden kann.
Gleiches gilt für die Breite und Bauform der Treppen. In einem vermieteten Objekt gelten relativ hohe Anforderungen dafür. Genaue Daten zu den Auflagen kann das zuständige Bauamt Ihnen geben. Außerdem muss eine Treppe mit einem durchgehenden Handlauf versehen sein, um Sicherheit zu gewährleisten und Unfälle zu vermeiden.
In zahlreichen Objekten gibt es Treppen, die nicht mit diesen Anforderungen konform sind. Wo kein Kläger, da kein Richter. Doch wollen Sie ein vorübergehendes oder endgültiges Vermietungsverbot riskieren?

10.1.2 Nutzungsänderung

Gleiches gilt für die Nutzungsänderung als Ferienimmobilie. Am besten fragen Sie bei der zuständigen Baubehörde nach den jeweiligen landesrechtlichen Regelungen und dem Brandfeuerschutz.

Wie Ferienimmobilien in der Städte- und Bauplanung behandelt werden, ist in Deutschland nicht einheitlich geregelt. Je nach Standort kann es unterschiedliche Genehmigungspflichten und Rechtsfolgen geben. Hintergrund ist die Unterbindung der „Zweckentfremdung von Wohnraum'“ per Verordnung durch die Gemeinden. Grundsätzlich können die Landesregierungen auf Basis des vom Bund erlassenen MietRVerbG (Gesetz zur Verbesserung des Mietrechts und zur Begrenzung des Mietanstiegs sowie zur Regelung von Ingenieur- und Architektenleistungen) einen rechtlichen Rahmen schaffen, sodass der vorhandene Wohnraum von der Bevölkerung der jeweiligen Städte bzw. Regionen genutzt wird.

Unter anderem haben die Städte Berlin, Hamburg und München entsprechende Verordnungen erlassen. In Hamburg müssen Vermieter einer Ferienimmobilie eine Genehmigung zur Nutzungsänderung haben und zusätzlich eine Ausgleichszahlung leisten. Das heißt konkret: „Soweit bei beabsichtigter Nutzungsänderung die Auflage, Ersatzwohnraum zu schaffen, ausscheidet, ist eine laufende Ausgleichszahlung in Höhe von monatlich 4,50 € je m² (vgl. OVG Hamburg, Urteil v. 25.05.2007 – 1 BF 383/05) zweckfremd genutzter Wohnfläche für die Dauer der zweckfremden Nutzung festzusetzen."
Quelle: www.hamburg.de/contentblob/4325148/3a7b4e1aaed5d52af4aacc248a12393d/data/d-fachanweisung-wohnraumschutz.pdf

Bitte informieren Sie sich bei der kommunalen Bau- oder Ordnungsbehörde, wie die aktuellen Regelungen Ihrer Gemeinde aussehen. Wenn noch keine Nutzungsänderung für die Immobilie vorliegt, für die Sie sich entschieden haben, beantragen Sie diese beim Bauamt. Formal kommt dies einer Baugenehmigung gleich – eine Nutzungsänderung ist ein Umbau in eine oder mehrere Ferienwohnungen.

Theoretisch können Sie diesen Antrag selbst stellen. Fragen Sie bei dem zuständigen Bauamt, wie umfangreich er sein soll. In der Regel gehören zu dem Bauantrag Grundrisse, Schnitte, Auszug aus dem Liegenschaftskataster, Lageplan mit Anzahl und Standort der Parkmöglichkeiten. Die Details der Immobilie werden in einer umfangreichen Baubeschreibung abgebildet.

Ich empfehle Ihnen, sich von einem Architekturbüro unterstützen zu lassen. Das kostet Geld, aber bei guter Auswahl des Büros können Sie sicher sein, dass der Antrag formal korrekt ist. Der Stempel des Profis macht auch bei der Behörde Eindruck und kann das Verfahren beschleunigen. Nach meiner Erfahrung müssen Sie für das Genehmigungsverfahren drei bis fünfzehn Monate einplanen.

Der Antrag kann wie folgt aussehen:

An die Bauaufsichtsbehörde

Behörde (z.B. Bezirksamt Altona)

Amt (z.B. Zentrum für Wirtschaftsförderung, Bauen und Umwelt)

Abteilung (z.B. Bauprüfung)

Wird von der Behörde ausgefüllt
Geschäftszeichen ______

Eingangsstempel

Antrag

- [x] Vereinfachtes Genehmigungsverfahren nach § 61 Hamburgische Bauordnung (HBauO)
- [ ] Baugenehmigungsverfahren mit Konzentrationswirkung nach § 62 HBauO
- [ ] Vorbescheid nach § 63 HBauO
  - [ ] Nachfolgendes Verfahren: § 61 HBauO
  - [ ] Nachfolgendes Verfahren: § 62 HBauO
- [ ] Abweichungen nach § 69 Absatz 2 HBauO
- [ ] Genehmigungsverfahren nach § 172 BauGB

Bauherrin/Bauherr (§ 54 HBauO)

Name (bzw. Firmenname) | Name des Verantwortlichen bei Firmen

Vorname (bzw. Fortsetzung des Firmennamens) | Vorname des Verantwortlichen bei Firmen

Straße, Hausnummer | Telefon

PLZ, Ort | E-Mail

Baugrundstück

Belegenheit (Straße, Hausnummer)

Flurstück/e | Baublock | Gemarkung

Vorhaben [ ] Errichtung [ ] Änderung [x] Nutzungsänderung [ ] Beseitigung (Abbruch)

Kurzbeschreibung: Nutzungsänderung des Doppelhauses zu 2 Ferienwohnungen

Folgende Bauvorlagen werden nachgereicht (§ 4 Absatz 3 Bauvorlagenverordnung – BauVorlVO)

(z.B. Standsicherheitsnachweis nach § 14 BauVorlVO)

Gebühren Für die Bearbeitung werden Gebühren nach der Baugebührenordnung (BauGebO) erhoben.

- [ ] Der ausgefüllte Vordruck „Anlage – Gebühren" ist beigefügt
- [ ] Es besteht Gebührenfreiheit wegen ______

Entwurfsverfasserin/Entwurfsverfasser (§ 55 HBauO)

Name

Vorname

Straße, Hausnummer

PLZ, Ort

Telefon

E-Mail

Nachweis der Bauvorlageberechtigung (§ 67 HBauO)

- [ ] Architektin/Architekt (§ 67 Absatz 2 Nr. 1 HBauO) — Nr. der Eintragungsliste
- [ ] Ingenieurin/Ingenieur (§ 67 Absatz 2 Nr. 2, 3 HBauO) — Nr. der Eintragungsliste

Für Wohngebäude der Gebäudeklassen 1 und 2

- [ ] Abgeschlossenes Studium (§ 67 Absatz 3 Nr. 1 HBauO)
- [ ] Meisterin/Meister (§ 67 Absatz 3 Nr. 2 HBauO)
- [ ] Technikerin/Techniker (§ 67 Absatz 3 Nr. 3 HBauO)

Für Um- oder Anbauten

- [ ] Innenarchitektin/Innenarchitekt (§ 67 Absatz 4 HBauO)

Für Freianlagen

- [ ] Gartenarchitektin/Gartenarchitekt (§ 67 Absatz 5 HBauO)

Als Bauherrin/Bauherr nach § 54 HBauO 20.06.2017 — Datum — Unterschrift

Abb. 8: Beispiel für einen Bauantrag

Den Bauantrag ergänzen Sie um die folgenden Unterlagen:

- Auszug aus Liegenschaftskataster (Liegenschaftskarte)
- Lageplan des Hauses auf dem Grundstück mit Stellplätzen und eventuell Nebengebäuden
- Maß der baulichen Nutzung
- Gebäudeklassennachweis
- Zusammenstellung der Wohnfläche
- Grundrisse der verschiedenen Etagen
- Schnittzeichnungen
- Außenansichten aus allen Himmelsrichtungen
- Baubeschreibungen mit den folgenden Angaben:
    - Zum Vorhaben
    - Zur Erschließung des Vorhabens
    - Zu Bauteilen, dies umfasst:
        - Tragende Wände, Stützen, Außenwände, Trennwände, Brandwände, Decken, Unterdecken, Treppen, Dachtragwerk, Bedachung
    - Zur technischen Gebäudeausrüstung
    - Zum barrierefreien Bauen
    - Zu örtlichen Bauvorschriften
    - Zu den anrechenbaren Bauwerten
    - Sonstige Angaben und Hinweise, die zur Beurteilung des Vorhabens notwendig sind
- Statistikbogen (zur Führung einer Statistik der Baugenehmigungen)

Für den Laien ist die Zusammenstellung der Unterlagen eine große, zeitraubende Aufgabe, für einen Architekten ist es Routine.

Im Moment entstehen auch in Deutschland zahlreiche Ferienparks mit Immobilien, die umgekehrt *nur* als Feriendomizil nutzbar sind. Das heißt, Sie haben eine Genehmigung, das Objekt als Feriendomizil zu nutzen, können aber nicht einziehen, wenn sich Ihre Pläne ändern. Dies ist auch für den Wiederverkauf zu bedenken. Wenn Sie voller Euphorie Ihren Hauskauf planen, denken Sie vermutlich nicht an den Wiederverkauf. Es ist aber eine Einschränkung, die Sie sich bewusstmachen sollten. Auch als Altenteil ist diese Immobilie dann nicht nutzbar.

10.2 Private Vermögensverwaltung oder Gewerbe

Immer wieder werde ich gefragt, ob vor Beginn der Vermietung einer Ferienimmobilie ein Gewerbe angemeldet werden muss. Deshalb soll dieses Thema an dieser Stelle etwas ausführlicher behandelt werden. Die Frage kann erst einmal mit der Standard-Antwort der Juristen beantwortet werden: *„Es kommt darauf an."*
Tatsächlich kann diese Frage nicht pauschal beantwortet werden. Es gilt die folgenden Aspekte für Ihre eigene Situation zu prüfen. Lassen Sie sich im Zweifel von einem Juristen oder Steuerberater unterstützen. Es kommt auf die Umstände, Ihre eigene Darstellung und Argumentation an.
Grundsätzlich wird die Vermietung einer Immobilie der privaten Vermögensverwaltung zugeordnet, die nicht gewerbesteuerpflichtig ist. In diesem Fall ist eine Gewerbeanmeldung nicht notwendig. Die Prüfung der folgenden Aspekte zeigt Ihnen, was zu einer Gewerbeanmeldung führen kann.

10.2.1 Abgrenzung

Die grundsätzliche Unterscheidung wird durch den Gesetzgeber in § 14 AO (Abgabenordnung) definiert. Danach liegt in der Regel eine dann Vermögensverwaltung vor, wenn der Eigentümer Vermögenswerte nutzt und beispielsweise eine Immobilie vermietet oder verpachtet. Zugleich bestimmt der Paragraph, dass in Abgrenzung zur Vermögensverwaltung ein wirtschaftlicher und damit gewerblicher Geschäftsbetrieb vorliegt, wenn dadurch eine selbstständige

nachhaltige Tätigkeit in Erscheinung tritt, durch die wirtschaftliche Vorteile erzielt werden, die über den Rahmen der bloßen Vermögensverwaltung hinausgehen.
Wo die Grenze genau verläuft, wird nicht definiert. Insoweit kommt es auf die Umstände im Einzelfall an. Dann ist die bloße Vermögensverwaltung zum wirtschaftlichen Geschäftsbetrieb abzugrenzen. Es müssen weitere Kriterien hinzugezogen werden.

10.2.2 Kriterien für Gewerbe

Ein Gewerbe ist im Recht durch bestimmte Merkmale bestimmt. Wichtig ist die Gewinnerzielungsabsicht. Dabei reicht die Absicht aus, auch wenn kurzfristig Verluste realisiert werden. Die Tätigkeit muss nach außen erkennbar sein, so dass gelegentliche Vermietungen kein Gewerbe ausmachen. Letztlich muss es sich um eine selbständige Tätigkeit mit wirtschaftlicher Absicht handeln.
Diese Kriterien gelten ebenso für die Vermietung als private Vermögensverwaltung, denn nur wenn sie erfüllt sind, werden die Werbungskosten anerkannt. Andernfalls ordnet das Finanzamt die Vermietung als Liebhaberei ein.
Sie sehen, wie schwierig die Abgrenzung ist. Sie basiert auf Rechtsprechung und einzelnen Paragraphen, die sich ergänzen.

10.2.3 Ertragsgrenze für Gewerbesteuerpflicht

Grundsätzlich ist allein die Anzahl der Wohnungen oder Häuser, die Sie vermieten nicht ausschlaggebend für die Frage, ob Sie ein Gewerbe anmelden müssen. Dies ist aber der Fall, wenn Ihr erwirtschafteter Gewinn über 24.500 Euro liegt. Noch einmal in aller Deutlichkeit: es geht um den Gewinn = Umsatz abzüglich aller Kosten. Das ist mit einer oder zwei Ferienwohnungen, die sich noch in der Finanzierung befinden, nicht zu erreichen.

10.2.4 Folgen der Gewerbeanmeldung

Eine Gewerbeanmeldung ist in Deutschland eine schnelle und sehr unkomplizierte Angelegenheit. Die Kosten sind nicht einheitlich und reichen von 11 bis 45 Euro. Der Großteil der Gewerbeämter nimmt für eine Gewerbeanmeldung eine Gebühr von ca. 20 Euro. (Quelle: Gruender-lexikon.de) Dafür erhalten Sie einen Gewerbeschein und sind Gewerbetreibender. Da Sie für die Gewinne aus der Vermietung so oder so Einkommensteuer zahlen müssen und die Gewerbesteuer erst ab obiger Ertragsgrenze fällig wird, macht es erst einmal keinen Unterschied. Weitere Verpflichtungen sind mit der Gewerbeanmeldung nicht verbunden.

10.2.5 Hoteltypische Zusatzleistungen

Wie bereits beschrieben, ist die Anzahl der vermieteten Wohneinheiten kein ausschlaggebender Faktor für die Annahme der Gewerblichkeit. Entscheidend ist dagegen die Art und Weise, wie die Vermietung organisiert wird. Dabei wird der Vergleich mit Hotels und Pensionen gezogen. Wenn Sie einen Frühstücksservice anbieten oder Gäste bei Ihnen jederzeit ohne Voranmeldung einchecken können, liegt ein sogenanntes hotelmäßiges Angebot vor. Beides ist für Urlauber in Ferienwohnungen eher ungewöhnlich. Sie sind in der Regel Selbstversorger und buchen länger im Voraus.

Diese Einordnung wurde von dem Finanzgericht Baden-Württemberg bereits am 28.09.1998 vorgenommen. (Az: 14 K 28/97, EFG 1999 Seite 165) In dem geprüften Fall ging es konkret um zwanzig Ferienwohnungen. Die oben beschriebenen Sachverhalte lagen nicht vor, so urteilte das Gericht, dass es sich nicht um einen hotelmäßigen Betrieb handelte, und damit eine gewerbesteuerfreie Vermögensverwaltung.

10.2.6 Lage in einem Ferienpark

Dagegen ist so eine hotelmäßige und damit gewerbliche Vermietung anzunehmen, wenn es sich um eine für wechselnde Gäste voll eingerichtete und ausgestattete Eigentumswohnung handelt, die sich in einem Verbund mit zahlreichen anderen Objekten in einem Feriengebiet befindet. Ein weiterer Aspekt, der dafür spricht, ist die gemeinsame Verwaltung und Vermarktung durch eine Feriendienstorganisation, die ebenfalls die anderen Domizile des Feriendorfes betreut.

10.2.7 Rechtsprechung

Auch für den Fall der gewerblichen Einstufung von Ferienwohnungen gibt es ein Urteil eines Gerichts. Bundesverwaltungsgericht sagt: 10 Ferienwohnungen mit 55 Betten sind gewerblich

Der Sachverhalt:
In diesem Sinne hatte das Bundesverwaltungsgericht in einem Urteil vom 26.1.1993 (DÖV 1993, 616) einen entsprechenden Fall zu beurteilen. Die Behörde hatte den Eigentümer eines Apartmenthauses mit 15 Wohnungen, von denen er 10 Wohnungen mit bis zu 55 Betten und Ausstattung mit Telefon und Gebührenzähler sowie TV-Geräten ganzjährig für jeweils 2 bis 6 Wochen an Feriengäste vermietete, aufgefordert, eine Gewerbeanmeldung vorzunehmen.

Die Entscheidung:
Das Gericht urteilte, die bloße Verwaltung und Nutzung des eigenen Vermögens sei kein Gewerbe. Soweit die Theorie. Praktisch verwies das Gericht darauf, dass in Grenzfällen danach abzugrenzen sei, ob die Tätigkeit einer behördlichen Überwachung bedürfe. Im Ergebnis beurteilte das Gericht die Vermietung von 10 Ferienwohnungen mit 55 Betten als gewerbliche Tätigkeit.

Die Kritik:
Gleichzeitig wurde festgestellt, das Bedürfnis für eine Überwachung sei umso geringer, je mehr sich die Betätigung im privaten Bereich abspiele. Sie sei hingegen umso größer, je mehr sie sich nach außen entfalte. Natürlich ist auch mit diesem Hinweis keine klare Aussage verbunden.
Sie bezog sich noch auf den damals geltenden § 1 GaststättenVO. Danach bedurfte es bis 1.7.2005 für die Vermietung von Ferienwohnungen oder Ferienhäuser oder Privatzimmern noch einer gaststättenrechtlichen Erlaubnis. Diese Vorschrift ist entfallen. Insbesondere braucht es keine Erlaubnis, wenn der Vermieter Getränke und zubereitete Speisen an Hausgäste verabreicht. Da dies bei der Vermietung von Ferienwohnungen in der Regel nicht der Fall ist, ist die Vermietung fast immer erlaubnisfrei.

10.2.8 Steuerpflicht der Einnahmen

Für bestimmte Bereiche spielt es keine Rolle, ob Sie Ihre Vermietung als Gewerbe oder als private Vermögensverwaltung betreiben. Wenn Sie Gewinne erzielen, müssen Sie diese in beiden Fällen über Ihre Einkommensteuererklärung versteuern.

10.3 Umsatzsteuerpflicht

Wenn Sie in Deutschland mit Ihrer Haupttätigkeit bereits der Umsatzsteuerpflicht unterliegen, gilt diese nach § 4 Nr. 12 II UStG (Umsatzsteuergesetz) auch für Ihre Ferienimmobilie. Zu dem Mietpreis kommen 7% Umsatzsteuer, die an das Finanzamt abgeführt werden müssen. (§12 II Nr. 11 UStG) Im Gegenzuge können Sie sich die Mehrwertsteuer – aus dieser Perspektive dann Vorsteuer genannt – auf alle Aufwendungen für Ihre Ferienimmobilie ziehen, die in der Regel 19% beträgt. Die gilt für Handwerkerdienstleistungen ebenso wie für Energie und Einrichtung.

Es gilt abzuwägen, ob die 7% komplett auf den Nettomietpreis aufgeschlagen werden können und sollten. Dies können Sie im Einzelfall nach Recherche der marktüblichen Preise entscheiden.

Wenn Ihre gesamten gewerblichen Einnahmen unter 22.000 Euro im Jahr betragen, können Sie die Kleinunternehmerregelung in Anspruch nehmen und sich von der Umsatzsteuerpflicht befreien lassen. Diese Grenze wurde am 01. Januar 2020 von bis dahin 17.500 Euro angehoben. Der Umsatz im Folgejahr sollte 50.000 Euro nicht überschreiten.

Die gleiche Umsatzgrenze gilt, wenn Sie in ein Doppel– oder Mehrfamilienhaus investieren. Gleiches gilt, wenn Sie mehrere Ferienimmobilien an unterschiedlichen Standorten betreiben. Liegt Ihr Umsatz für alle Wohneinheiten zusammen unter 22.000 Euro pro Jahr, können Sie sich von der Umsatzsteuerpflicht befreien lassen. Andernfalls müssen Sie auf die Miete 7% aufschlagen und können sich im Gegenzuge die Vorsteuer auf alle Aufwendungen ziehen. Wenn Sie eine ältere Immobilie erwerben, in die Sie noch viel investieren wollen, kann dies vorteilhaft sein, immer wieder die Vorsteuer in Höhe von 19% geltend zu machen.
Für die Umsatzsteuerpflicht ist lediglich Ihr gewerblicher Umsatz bzw. Ihr Umsatz aus selbständiger Arbeit maßgeblich.

Ich bekomme diese Frage von meinen Lesern immer wieder gestellt und möchte diese Aussage an dieser Stelle noch einmal zusammenfassend wiederholen:

Die Voraussetzungen für die Umsatzsteuerpflicht sind gegeben, wenn

1) Sie bereits mit Ihrer Haupttätigkeit umsatzsteuerpflichtig sind. Sie „infizieren“ dann quasi den Bereich „Einkünfte aus Ferienimmobilien“ und müssen auch für die Mieteinnahmen Umsatzsteuer abführen bzw. es werden alle Einkünfte

aus gewerblicher und selbständiger Tätigkeit addiert. Liegen diese über 22.000 Euro im Jahr, sind Sie verpflichtet Umsatzsteuer abzuführen. Es gilt für die Mieteinnahmen der reduzierte Satz von 7%.

2) Sie mit Ihrer oder Ihren Ferienimmobilien über 22.000 Euro Umsatz machen, also Gesamtmieteinnahmen von mehr als 22.000 Euro haben. Diese Grenze gilt unabhängig von der Anzahl der Wohneinheiten.

Kompakte Zusammenfassung

Rechtliches für den Start	Für vermietete Objekte gelten strenge Auflagen. Achten Sie beim Kauf darauf, dass alle Baugenehmigungen vorliegen. Auch die Nutzungsänderung für die Vermietung an Feriengäste ist formal eine Baugenehmigung. Ohne diese Erlaubnis riskieren Sie ein Vermietungsverbot.
	Eine nachträgliche Baugenehmigung für das Haus, eventuell den Dachausbau und vermietungskonformen Treppen beantragen Sie bei dem Bauamt der Region. Zwischen Bauantrag und Baugenehmigung können drei bis fünfzehn Monate liegen.
	Ob die Vermietung Ihrer Ferienimmobilie eine private Vermögensverwaltung oder ein Gewerbe ist, lässt sich nicht pauschal beantworten. Es müssen mehrere Aspekte betrachtet werden.
	Eindeutiger ist die Frage der Umsatzsteuerpflicht zu beantworten. Betrachtet wird dabei Ihr gesamter Umsatz aus selbständiger Tätigkeit und Gewerbe. Liegt der über 22.000 Euro pro Jahr, müssen Sie 7% Ihrer Einnahmen aus der Vermietung der Ferienimmobilie als Umsatzsteuer abführen.

11 Versicherungen

Keine Frage, einige Versicherungen sind bei diesem Projekt notwendig. Grundsätzlich lohnt es sich, mehrere Angebote einzuholen und die Preise und Konditionen zu vergleichen. Geben Sie den Sonderfall „vermietetes Ferienhaus“ auf jeden Fall an, da manche Versicherer diese Objekte nicht oder nur zu speziellen Bedingungen unter Vertrag nehmen. Grund dafür ist, dass Ihr Haus nicht das ganze Jahr durchgehend bewohnt wird. Darin kann ein größeres Risiko gesehen werden, da Einbrüche leichter möglich sind und Schäden unter Umständen später entdeckt werden.

Im Folgenden sind empfehlenswerte Versicherungen aufgeführt.

11.1 Gebäudeversicherung

Die Gebäudeversicherung deckt Schäden am Gebäude durch folgende Risiken ab. Hier handelt es sich um eine exemplarische Auswahl:

- Feuer: Schäden durch Brand, Blitzschlag, Explosion, Implosion, Überspannung durch Blitzschlag, Nutzwärme und den Absturz von Flugzeugen
- Leitungswasserschaden: z.B. Schäden durch Frost und Wasser aus Wasch- und Spülmaschinen, Aquarien und Wasserbetten
- Sturmschaden ab Windstärke acht und Hagelschaden
- Optional Schäden durch Überschwemmung und Starkregen, Erdrutsch, Schneedruck und Lawinen oder auch Schäden durch Erdbeben
- Neu bei vielen Versicherern: Wahlweise Allgefahrendeckung für Anlagen zur Gewinnung erneuerbarer Energien (Solar, Photovoltaik, Wärmepumpe, Erdwärme)

Den Schutz können Sie in variablem Umfang abschließen. Es stehen Policen mit Basis- oder Komfortschutz zur Wahl.

Mein Tipp
Bei der Gebäudeversicherung ist es sinnvoll, sich für einen lokalen Anbieter zu entscheiden, der im Falle eines Falles schnell vor Ort ist und Sie bei der Schadensanzeige und der Abwicklung unterstützt.

Dies kann eine große Erleichterung sein, denn die Wiederherstellung des Hauses benötigt Zeit, Kraft und Nerven. Ein reibungsloser Ablauf ist Voraussetzung, damit Sie schnell wieder vermieten können.

Die Prämie ist abhängig von der Hausgröße und dem -alter. Auch die Bedachung kann Einfluss darauf haben. Wenn Sie z.B. ein reetgedecktes Haus erwerben, ist die Prämie höher. Um die Kosten in so einem Fall über das Jahr zu glätten, haben Sie die Möglichkeit die Prämien halb- oder vierteljährlich bzw. sogar monatlich zu bezahlen.

Übrigens
Die Bodenbelege wie Teppich-Auslegeware, Parkett und Laminat gehören zum Haus und sind über die Gebäudeversicherung abgedeckt.

11.2 Inhaltsversicherung

Die Inhaltsversicherung entspricht der Hausratversicherung in einer selbst bewohnten Immobilie. Bei einem Schaden wird nicht nur der Wert des Materials erstattet, sondern auch die Reparaturkosten. Je nach Versicherer können hier verschiedene Klauseln mit eingebaut werden, wie z.B. Feuerlöschkosten, Wiederherstellung usw. Grundsätzlich sind Gefahren wie Feuer, Einbruchdiebstahl, Vandalismus, Raub, Leitungswasserschäden sowie Sturm und Hagel versichert. Je nach Region ist zudem ein erweiterter Versicherungsschutz sinnvoll, der auch Elementarschäden (Überschwemmung, Erdrutsch, Schneedruck etc.) abdeckt.

11.3 Versicherung bei Betriebsunterbrechung

Diese Versicherung kommt im Schadensfall für Ihre Mietausfälle auf. Sie ist sinnvoll, da die Prämie nicht hoch ist, der Nutzen aber enorm sein kann, wenn Sie bei einem großen Schaden über Wochen nicht vermieten können – schlimmstenfalls in der Hauptsaison. Auch besteht das Risiko, dass Sie bereits erhaltene Zahlungen wegen Unbewohnbarkeit des Hauses zurückerstatten müssen.
Achten Sie auf die Bedingungen des Vertrages. Oftmals wird nicht die Bruttomiete vergütet, sondern Abschläge für Umsatzsteuer und Energiekosten vorgenommen.

11.4 Haftpflicht

Sowohl Ihre Gäste als auch Ihre Hausbetreuung sind hierüber versichert, wenn sie durch das Haus oder auf dem Grundstück einen Schaden erleiden. Passanten, die auf dem Grundstück und dem dazugehörigen Gehweg davor – beispielweise bei Schneewetter ausrutschen – sind versichert. Eine preiswerte Versicherung, die selten in Anspruch genommen werden muss, im Falle eines Schadens aber unverzichtbar ist.

In der Regel genügt eine Haus- und Grundbesitzerhaftpflicht (G+H), die Sie auch im Falle fester Vermietung abschließen würden. Der Schutz durch die Vermietungshaftpflicht ist noch umfangreicher als die der G+H. Fragen Sie bei Ihrem Versicherer nach, inwieweit die Schäden Ihrer Gäste und Mitarbeiter versichert sind, die durch das Inventar der Ferienimmobilie verursacht werden. So kann ein Stuhl zusammenbrechen oder ein Wasserkocher plötzlich einen Stromschlag bewirken – meist durch die einfache Haftpflicht abgedeckt. Wenn Sie eine Schaukel im Garten haben oder Fahrräder vermieten, sind Sie möglicherweise durch eine Vermietungshaftpflicht besser versichert. Holen Sie sich mehrere Angebote der lokalen Anbieter ein und lassen Sie sich beraten!
Empfehlenswert ist eine Deckungssumme von drei Mio. Euro je Versicherungsfall für Personen- und Sachschäden, zusätzlich 250.000 Euro für mitversicherte Vermögensschäden.
Manche Versicherer bieten Deckungssummen von fünf Mio. Euro an.

11.5 Rechtsschutz

Leider können sehr unzufriedene Gäste oder solche, die auf einen Vorteil aus sind, Sie wegen wirklicher oder angeblicher Mängel über einen Anwalt Rückzahlungen und sogar Schadenersatz fordern und Sie im Extremfall auch vor Gericht bringen. Da stellt sich die Frage, ob sich eine Rechtschutzversicherung lohnt.
Die Angebote, die ich erhalten habe, waren unverhältnismäßig teuer, da ein Ferienhaus – auch im Falle der privaten Vermögensverwaltung – automatisch als Gewerbe eingestuft wird und die Prämie damit viel höher ist.
Da diese Fälle sehr, sehr selten sind, ist es fraglich, ob sich diese Versicherung lohnt. Lassen Sie sich einfach ein Angebot von Ihrem

Versicherer machen und entscheiden Sie selbst aufgrund der Zahlen, die er Ihnen nennt.
Dagegen spricht, dass Sie kleinere Fälle mit etwas Erfahrung und Routine ohne Anwalt lösen können. Auch wenn der Gast sich einen Anwalt genommen hat, können Sie selbst ohne Rechtsbeistand darauf antworten. Droht die Angelegenheit zu eskalieren, haben Sie immer noch die Möglichkeit einen Anwalt engagieren. Sie bezahlen Ihn nur, wenn Sie den Fall verlieren bzw. anteilig im Falle eines Vergleichs.

Dies gilt außerdem nur für die Rückzahlung eines Anteils der Miete, in extremen Fällen für Schadenersatz. Urlauber von Ferienhäusern oder Wohnungen können sich von Ihnen nicht für entgangene Urlaubsfreuden entschädigen lassen, da Sie mit Ihrer Ferienimmobilie dem Mietrecht und nicht dem Reiserecht zugeordnet werden. Dies ist nur bei Pauschalreisen der Fall, bei denen auch die Anreise im Paket verkauft wird.

Versicherungen	Versicherungen wie Gebäude, Inhalt, Betriebsunterbrechung und Haus- und Grundbesitzer- bzw. Vermietungshaftpflicht sind wichtig und sinnvoll. Vergleichen Sie die Angebote mehrerer Anbieter. Oftmals macht es Sinn, sich für einen lokalen Versicherer zu entscheiden, da die Abwicklung im Schadensfall unkomplizierter ist.
	Geben Sie an, dass es sich um ein vermietetes Ferienhaus handelt. Dadurch, dass das Haus phasenweise leer steht, wird das Risiko von einigen Versicherern höher bewertet.
	Eine Rechtschutzversicherung wird sehr selten benötigt und ist damit im Zweifel nicht rentabel.

12 Schlusswort

Da Sie diesen Ratgeber bis zum Schluss gelesen haben, gehe ich davon aus, dass Sie sich für die Investition in eine Ferienimmobilie entschieden haben. Großartig!

Ich hoffe, dass ich all Ihre Fragen für die Vorbereitung, Abwägung und den Start beantworten konnte. Der nächste Schritt wird nun die Berechnung der Wirtschaftlichkeit Ihrer Wunschimmobilie sein. Auch wenn Sie eher emotional und voller Begeisterung an dieses Projekt gehen, gilt es zu bedenken, dass es Sie mit großer Wahrscheinlichkeit eine ganze Weile begleiten wird. Es wird Ihnen Freude bereiten, Sie aber auch herausfordern und anstrengen. Deshalb ist es sehr wichtig, dass es finanziell auf gesunden Beinen steht.
Nach der Berechnung der Wirtschaftlichkeit stellen Sie Ihren Business-Plan auf und gehen zu mindestens einem Kreditinstitut, um einen Partner für die Finanzierung zu finden.
Was dabei wichtig und zu beachten ist, erfahren Sie im nächsten Band dieser Reihe.

Gern begleite ich Sie auf dem Weg zu Ihrer erfolgreichen Ferienimmobilie über diesen Ratgeber hinaus.
Nehmen Sie Kontakt zu mir auf, ich berate und coache Sie gern.

Ich wünsche Ihnen viel Spaß und Erfolg bei Ihrem Projekt!
Stefanie Schreiber

13 Anhang

13.1 Quellen, Informationen, Websites, Verzeichnisse

Immobilienportale, die Sie für die Suche nach Ihrer Immobilie nutzen können
Deutschland
www.immobilienscout24.de
www.immonet.de
www.immowelt.de
Österreich
www.immobilienscout24.at
www.immonet.at
www.immowelt.at
Schweiz
www.immobilienscout24.ch
www.immonet-schweiz.ch
www.immowelt.ch

Energieausweis
Weiterführende Informationen zum Energieausweis:
Deutschland
auf der Seite des Bundesministeriums für Verkehr, Bau und Stadtentwicklung unter http://www.bmvbs.de/DE/BauenUndWohnen/EnergieeffizienteGebaeude/Energieausweis/energieausweis_node.html
Die Broschüre ‚Energieausweis für Gebäude – nach Energieeinsparverordnung (EnEV 2009)' kann auf dieser Website bestellt werden.
Österreich
Energieausweis-Vorlage-Gesetz https://www.help.gv.at/Portal.Node/hlpd/public/content/21/Seite.210400.html
Schweiz
Gebäudeenergieausweis der Kantone (GEAK): http://www.geak.ch

Portal rund um Finanzen:
'Online-Rechner für die individuelle Finanzplanung'
Sie können hier Kapitalbedarf, Nebenkosten beim Immobilienkauf, Kaufen statt Mieten berechnen lassen. Sie finden Angaben über die Höhe der Grunderwerbsteuer in den verschiedenen Bundesländern und vieles mehr.
www.zinsen-berechnen.de

13.2 Abbildungsverzeichnis

13.3 Tabellenverzeichnis

Mein Beratungs- und Coaching-Angebot für Sie

Immer wieder werde ich gebeten, etwas genauer zu beschreiben, wie ich konkret mit meiner Beratungsleistung unterstützen kann, bzw. merke durch die Rückfragen, dass dies nicht eindeutig ist. Aus diesem Grund folgt an dieser Stelle ein Auszug aus meinem Angebot.
Außerdem wird vermutet, dass die Beauftragung einer Wirtschaftsberaterin schnell mehrere tausend Euro kostet. **Das ist nicht richtig!** Gern beantworte ich Ihnen einen Katalog von gezielten Fragen oder recherchiere bzw. analysiere einen kleinen Teilbereich Ihres Projektes. Das ist schon mit dem Einsatz von wenigen Stunden möglich.

Zögern Sie nicht, einfach anzurufen oder per eMail nachzufragen, wenn Sie wissen möchten, ob ich auch Sie unterstützen kann und mit welchem finanziellen Aufwand Sie zu rechnen haben. Viele Fragen kann ich anhand zur Verfügung gestellter Unterlagen oder Internetauftritten analysieren und beurteilen, ohne das Objekt selbst zu besuchen. Ein Statusbericht gibt Ihnen etwas Konkretes in die Hand.

1. Auswahl der Immobilie
   - Beurteilung anhand eines Exposés, ob ein Objekt als Ferienimmobilie geeignet ist

2. Wirtschaftlichkeitsberechnung
   - Aufstellung eines kompletten Business-Plans anhand eines Exposés: dies beinhaltet Zusammenstellung der Kosten und Recherche realistischer Saisonpreise sowie Belegdaten des entsprechenden Feriengebietes

3. Einrichtung und Ausstattung
   - Optimierung Ihrer Einrichtung und Ausstattung
     - Anhand Ihres Internetauftritts bzw. anhand Ihrer Fotos, wenn die Werbung noch nicht gestartet wurde
     - Alternativ komme ich gerne zu Ihrem Feriendomizil und unterstütze Sie bei der Neueinrichtung oder Optimierung, auch Fotos mache ich gerne für Sie

4. Vermarktung
   - Unterstützung bei der Wahl eines Namens und zugehöriger Domain
   - Entwicklung Ihres Corporate Designs
   - Erstellung Ihrer Buchungsunterlagen
   - Erstellung einer Website
   - Einstellen Ihres Domizils in verschiedene Ferienportale
   - Entwurf eines Flyers oder einer Postkarte
   - Facebook-Coaching

Nehmen Sie gerne Kontakt mit mir auf, wenn Sie Ihre Fragestellung nicht in der obigen Liste finden!

Ihre Ferienhaus-Expertin
Stefanie Schreiber

Diplom-Kauffrau mit Schwerpunkt Marketing und Recht
Wirtschaftsjournalistin und Fachautorin

servitus Wirtschaftsberatung und Coaching
040 69 69 195 -10
Stefanie.Schreiber@servitus.de
www.servitus.de | www.Ferienhaus-Expertin.de

Über die Autorin

Ferienhaus-Expertin Stefanie Schreiber berät und unterstützt ihre Kunden in allen Fragen rund um die erfolgreiche Vermietung von Ferienimmobilien und teilt ihr Fachwissen sowie ihre 20-jährige Vermietungserfahrung in ihren Praxis-Ratgebern.
Sie ist Dipl.-Kauffrau und Wirtschaftsjournalistin - außerdem leidenschaftliche Vermieterin der (mittlerweile nur noch verbliebenen) Reetkate Tating.

Um ihre Altersvorsorge zu sichern, erfüllte sich Stefanie Schreiber im Sommer 1999 mit dem Kauf ihres ersten Doppelhauses einen Traum und legte damit den Grundstein für einen neuen Geschäftszweig. Eineinhalb Jahre sammelte sie intensiv Erfahrungen, indem sie nicht nur die Vermietung in Eigenregie betrieb, sondern auch die Betreuung des Objektes vor Ort selbst übernahm. Sie entdeckte ihre Leidenschaft für das Innendesign der Räume und legt auch

heute noch bei der Renovierung gern selbst Hand an. Durch den intensiven Kontakt zu den Gästen erfuhr sie viel über deren Erwartungen an eine Ferienimmobilie sowie die Bedürfnisse während eines Urlaubes in einem Feriendomizil.
Da sie mit der Vermietung der ersten beiden Wohneinheiten innerhalb kürzester Zeit großen wirtschaftlichen Erfolg verzeichnete, investierte sie bereits eineinhalb Jahre später in ein weiteres Doppelhaus. Damit war es nicht mehr möglich, die Objekte selbst zu betreuen. Sie delegierte diese Aufgabe an Mitarbeiter vor Ort.

2007 kaufte sie ihr drittes Haus, das kleine Altstadtdomizil Mölln, das bis Ende 2016 ebenfalls erfolgreich Feriengästen zur Verfügung gestellt wurde.
Um mit der Ernte die Früchte des Vermögensaufbaus zu beginnen, verkaufte sie 2018 die Reetkate Kragelund - auch um in Zukunft mehr Zeit für die Beratung und das Schreiben weiterer Ratgeber zu haben.

Als Inhaberin ihrer Firma servitus Wirtschaftsberatung und Coaching berät sie seit 1994 Firmen sowie Privatpersonen in betriebswirtschaftlichen Fragen. Dabei hat sich der Schwerpunkt zum Thema Vermögensaufbau mittels Immobilien entwickelt. Sie führt dazu Seminare als auch persönliche Coachings durch.

Gerne unterstützt sie auch Sie von der Auswahl der Immobilie über die Erstellung eines Business-Planes, dessen Vorstellung sowie Verhandlung mit der Bank, bei der Einrichtung des Hauses bis zur erfolgreichen Vermarktung des Domizils.

Weitere Informationen finden Sie unter
www.Ferienhaus-Expertin.de

Bereits von der Autorin erschienen

Mit Ferienimmobilien Vermögen aufbauen und Steuern sparen!
In elf Schritten zur erfolgreichen Vermietung

Hardcover: ISBN 978-3-96608-000-2
Broschiert: ISBN 978-3-9816455-0-7
ebook: ISBN 978-3-9816455-1-4

zugehöriges Arbeitsbuch zu diesem Praxis-Ratgeber
Das Arbeitsbuch! Mit Ferienimmobilien Vermögen aufbauen und Steuern sparen
Ihr persönlicher Begleiter bei den elf Schritten zur erfolgreichen Vermietung

Hardcover: ISBN 978-3-96608-001-9
Broschiert: ISBN 978-3-96608-002-6

Erfolgreiche Vermarktung Ihrer Ferienimmobilie!
Der optimale Marketing-Mix inklusive Social Media
für Ihren Vermietungserfolg

Broschiert: ISBN 978-3-9816455-4-5
ebook: ISBN 978-3-9816455-5-2

Ab Februar 2020 ergänzend erhältlich:
Ihr Ferienimmobilien-Marketingplaner!
Eine strukturierte Arbeitsvorlage
für Ihren optimalen Marketing-Mix inklusive Social Media

Broschiert: ISBN 978-3-96608-005-7

Ein kleines Buch das einen Blick hinter die Kulissen des Ferienhausbetriebes gewährt

Aus dem Ferienhaus geplaudert
Erstaunliche Geschichten und emotionale Momente aus dem Alltag der Vermietung

Neue Reihe
Ferienimmobilie aktuell in voraussichtlich 8 Bänden
Band 1: Richtige Kaufentscheidung und erfolgreicher Start mit Ihrer ersten Ferienimmobilie
Band 2: Wirtschaftlichkeitsberechnung und Finanzierung Ihrer erfolgreichen Ferienimmobilie!
wird fortgesetzt ...

Zahlreiche Fragen, Anmerkungen und Feedback von Lesern, Kunden aus Projekten, Besucher meiner Vorträge und Messeauftritte sind in diesen Bänden aufgegriffen worden. Alle Themen der ersten beiden Ratgeber werden breiter und noch ausführlicher behandelt.

Gern informiere ich Sie per Mail über Erscheinungstermine und Veranstaltungen.
Schreiben Sie an Stefanie.Schreiber@servitus.de
oder folgen Sie mir auf Facebook
www.facebook.com/servitusWirtschaftsberatung

***

Stefanie Schreibers Krimi-Debüt

Mord im Watt vor St. Peter-Ording

Der erste Fall für Torge Trulsen und Charlotte Wiesinger

Ein Feriendorf; zwei Tote und zwei ungleiche Ermittler, die nicht unbedingt zusammen arbeiten. Lösen sie den Fall?

In St. Peter-Ording, dem beliebten Urlaubsort an der Nordsee, wird eines Morgens mitten in der Saison ein Toter am Strand gefunden. Niemand scheint ein Motiv zu haben, den Leiter der Schutzstation Wattenmeer Michael Schwertfeger, der sehr zurückgezogen gelebt hat, zu erschlagen.
Kommissarin Charlotte Wiesinger aus Hamburg verstärkt das Team vor Ort, das nicht zuletzt auch aus dem schrulligen Hausmeister Torge Trulsen des Feriendorfes *Weiße Düne* besteht. Er weiß nicht nur genau was auf Eiderstedt passiert, sondern ist auch mit jedem per Du.
Eine harte Geduldsprobe für die temperamentvolle Großstädterin, für die sowohl der Aufenthalt an der Nordsee als auch die Einmischung des Nordfriesen unfreiwillig sind. Immer wieder kommt er

ihr - eine Nasenlänge voraus - in die Quere, so dass sie seine Unterstützung nur sehr langsam zu schätzen lernt.
Als in Hamburg ein weiterer Mord geschieht, stellt das ungleiche Duo den Zusammenhang her und kommt dem Täter auf die Spur.

Leseprobe auf www.StPeterOrding-Krimi.de

Haftungsausschluss

Die Haftung für den Textinhalt ist ausgeschlossen. Der Inhalt ersetzt keine Einzelfallberatung durch einen Rechtsanwalt, Steuerberater oder eine andere kompetente Stelle. Die genannten rechtlichen Gegebenheiten erheben nicht den Anspruch der Vollständigkeit. Sie beziehen sich auf die aktuelle Rechtslage und können sich in Zukunft ändern.

Ich freue mich auf Ihre Kontaktaufnahme!

Ferienhaus-Expertin Stefanie Schreiber
Diplom-Kauffrau mit Schwerpunkt Marketing und Recht
Wirtschaftsjournalistin und Fachautorin

servitus Wirtschaftsberatung und Coaching
Alter Elbdeich 124
21217 Seevetal-Over
040 69 69 195 -10

Stefanie.Schreiber@servitus.de
www.servitus.de | www.Ferienhaus-Expertin.de
www.servitus-verlag.de
www.xing.to/servitus
www.facebook.com/servitusWirtschaftsberatung